安徽财经大学服务地方经济社会发展系列研究报告 2018

安徽县域经济竞争力报告 2018

周加来　黄敦平　钱　力　等著

合肥工业大学出版社

图书在版编目(CIP)数据

安徽县域经济竞争力报告 2018/周加来,黄敦平,钱力等著.—合肥:合肥工业大学出版社,2018.6

(安徽财经大学服务安徽经济社会发展系列研究报告 2018)

ISBN 978-7-5650-4008-5

Ⅰ.①安… Ⅱ.①周…②黄…③钱… Ⅲ.①县级经济—区域经济发展—竞争力—研究报告—安徽—2018 Ⅳ.①F127.54

中国版本图书馆 CIP 数据核字(2018)第 116400 号

安徽县域经济竞争力报告 2018

周加来 黄敦平 钱 力 等著 责任编辑 陆向军 何恩情

出 版	合肥工业大学出版社	**版 次**	2018 年 6 月第 1 版
地 址	合肥市屯溪路 193 号	**印 次**	2018 年 6 月第 1 次印刷
邮 编	230009	**开 本**	710 毫米×1010 毫米 1/16
电 话	综合编辑部:0551-62903028	**印 张**	11.75
	市场营销部:0551-62903198	**字 数**	161 千字
网 址	www.hfutpress.com.cn	**印 刷**	合肥现代印务有限公司
E-mail	hfutpress@163.com	**发 行**	全国新华书店

ISBN 978-7-5650-4008-5 定价:33.00 元

编 委 会

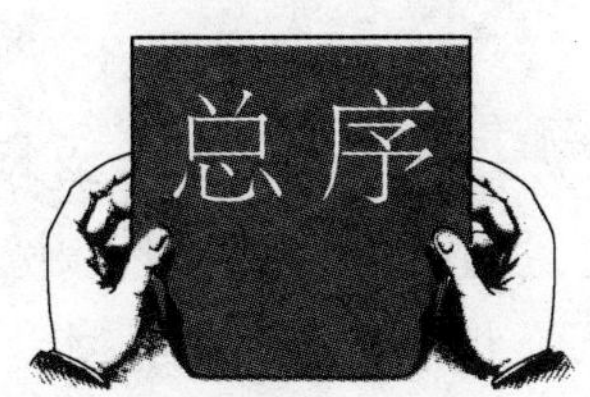

安徽财经大学科研工作始终坚持立足安徽做学问、服务安徽出成果，特别重视立足地方和行业需求构建多层次智库平台。安徽经济发展研究院是安徽财经大学设立的研究安徽经济社会发展的专门机构，拥有安徽省人文社科重点研究基地、省级协同创新中心、省教育厅智库和安徽省重点智库四个省级科研平台。这些平台在优化资源配置、聚合科研力量，鼓励和引导教师围绕安徽省委省政府的重大发展战略选题，深入研究安徽经济社会发展中的重点、热点和难点问题，着力破解制约安徽地方经济社会发展的重大理论和现实问题，为建设特色鲜明的地方高水平财经大学提供了有益的智力支持，取得了较为丰硕的成果并积累了丰富的经验。安徽经济社会发展研究院努力实现在安徽经济发展方面的理论基础、政策研究与实践应用的紧密结合，把安徽经济社会发展研究院打造成为立足安徽、面向全国的财经智库。

安徽财经大学每年出版的服务安徽经济社会发展系列研究报告是由安徽经济社会发展研究院组织相关学院的专兼职研究人员编写的。我校 2006 年公开出版服务安徽经济社会发展的首部研究报告——《安徽经济发展报告》，2007 年《安徽省县域经济竞争力报告》发布，2010 年《安徽省贸易发展研究报告》出版，形成我校服务安徽经济社会发展的三大品牌报告。至 2018 年，年度研究报告增至 10 多部，主要包括：《安徽经济发展研究报告》《安徽县域经济竞争力报告》《安徽贸易发展研究报告》《安徽财政发展研究报告》《安徽投资发展研究报告》《安徽文化产业发展报告》《安徽城市发展研究报告》《安徽乡村振兴战略研究报告》《安徽农村普惠金融发展研究报告》《安徽劳动就业和社会保障发展研究报告》《安徽生态文明建设发展报告》《安徽养老服务发展报告》等。

服务安徽经济社会发展系列研究报告坚持稳定、控制数量，不断提升质量的指导思想，通过进入退出机制、激励机制、分级分类机制、合作机制、运行机制、评价机制和发布机制的改革，政策影响力和媒体影响力日益扩大。2016 年，研究院成功入围中国智库索引首批来源智库，并获大学智库指数排名中普通高校第一名。根据《中国智库索引（CTTI）2017 年发展报告》，我校进入大学智库指数 Top50 高校，其中安徽经济社会发展研究院排名第 25 位，安徽经济预警运行与战略协同创新中心排名第 32 位。

纵观这十多部研究报告可以看出，报告的组织者与撰写者都付出了辛勤的劳动和不懈的努力。当然，我们也清醒地认识到，报告也还存在这样或那样的缺点，与政府部门领导和社会各界对我们的希望还有相当大的差距，学校应当在智库建设方面做得更多、更好。我们坚信，只要坚持走下去，只要继续得到社会各界的关心和帮助，系列研究报告一定会越做越好！学校的智库建设也将结出更多的硕果！

安徽财经大学校长　丁忠明

2018 年 4 月 20 日

近年来，随着经济发展逐渐步入新常态，县域经济发展研究成为经济研究中的一个重要的理论前沿。县域是目前我国城市与农村的结合点，是城乡联动的关节点，也是全面建设小康社会的基本载体。此外，县域经济也是区域经济的重要组成部分，县域经济发展水平决定着区域经济发展的整体水平，因而振兴县域经济发展是十九大报告中提出的“着力解决好发展不平衡不充分问题，大力提升发展质量和效益”的需要。2017 年安徽县域地区 61 个县（市），拥有全省 79.3%的国土面积和 70.3%的户籍人口，经济总量接近全省“半壁江山”。但自 2014 年增速跌至个位数后呈现逐年放缓趋势，2014 年增长 9.4%，2015 年增长 8.9%，2016 年增长 8.7%，多年来首次低于全省平均水平，而且出现了增速和占比“双下滑”情况。基于安徽省县域经济发展中遇到这种“双下滑”的背景，分析县域经济发展竞争力，提出发展县域经济的对策，为振兴我省县域经济献计献策。

县域经济竞争力是判断县域经济发展状况的重要指标，也是县域经济综合能力的重要表现，同时也反映县域经济相对于同类县域对区域中资源和市场的吸引力及资源优化配置的能力。鉴于此，本报告从县域经济竞争力的角度对安徽省县域经济社会发展作出评价，对于安徽县域经济的快速发展具有一定的借鉴意义。安徽财经大学城市与县域经济研究中心与县域经济研究所一直致力于安徽省县域经济发展问题的研究，已连续十三届发布了安徽县域经济竞争力评价报告。

本研究报告在历届安徽省县域经济竞争力评价的基础上，对指标体系及评价方法进行了修正，采用包含经济发展方面的总量与效率指标，也包含社会发展、环境保护等方面指标，涵盖了影响县域经济发展的基本因素，更加注重经济、社会与环境的协调与科学发展，符合振兴县域经济发展的内在要求。此外，在评价方法上，采用层次分析和主成分分析组合方法来评价县域经济的竞争力，进一步提高评价的科学性与可信性。本报告首先对 2016 年安徽县域经济综合竞争力、基本竞争力、发展速度竞争力等 14 个竞争力评价排名及其动态变化进行对比分析，在此基础上，将安徽省 61 个县域按照竞争力排名划分为上游区域（1～10 名）、上中游区域（11～30 名）、下中游区域（31～51 名）、下游区域（52～61 名）四个类别，进一步分析安徽省按照皖北、皖中、皖南区域内的综合竞争力、基本竞争力、投资环境竞争力等三个综合性竞争力空间分布情况，找出各区域竞争力的演化规律，最后，报告提出了进一步促进安徽省县域经济发展的对策建议：加快推进县域特色经济发展；深化县域供给侧结构性改革；大力实施县域乡村振兴战略；深入实施县域创新驱动战略；着力提升县域经济开放水平。

本报告得到了安徽省委宣传部、安徽省发展改革委员会、安徽省经济和信息化委员会、安徽省教育厅、安徽财经大学各级领导的大力支持，在此表示感谢。同时限于研究水平，书中难免存在错误与不足，敬请各位专家学者、县（市）领导不吝指正，以便更加完善。

周加来

2018 年 4 月

MU LU

目录

第一章　安徽县域经济发展现状

第一节　安徽经济发展的总体分析

一、安徽经济发展现状

（一）综合实力显著增强

2016年，安徽省地区生产总值达到24117.89亿元，按可比价格计算，较上年增长8.68%。其中，第一产业增加值为2567.72亿元，增长2.69%；第二产业增加值为11590.25亿元，增长7.98%；第三产业增加值9959.92亿元，增长11.27%。三次产业结构由2015年的11.16∶49.75∶39.09调整为10.64∶48.06∶41.3。回顾2010—2016年间的经济发展状况（图1-1），全省综合实力显著增强，经济保持了平稳较快增长态势，充分显示了经济发展的潜力和可持续力。全省生

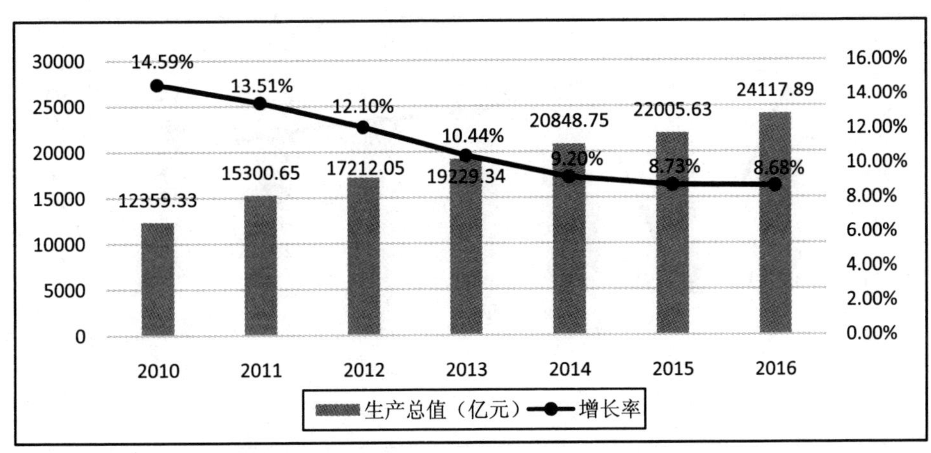

图1-1　2010—2016年安徽省地区生产总值及增长率

产总值由 2010 年的 12359.33 亿元增至 2016 年的 24117.89 亿元，年均增长率为 8.72%，高于全国同期生产总值 7.67%的平均增速；全省人均生产总值由 2010 年的 20887.80 元增至 2016 年的 39091.81 元，年均增长率为 9.45%，高于全国同期人均生产总值 7.13%的平均增速。

（二）工业化进程持续推进

2016 年，安徽省规模以上工业增加值为 9724.93 亿元，按可比价格计算，比上年增长 2.96%。其中，重工业增加值为 6413.57 亿元，增长 3.68%；轻工业增加值为 3311.37 亿元，增长 1.57%，轻重工业增加值比例由上年的 34.31∶65.69 变为 34.05∶65.95，比例保持基本稳定。全省规模以上工业企业中，国有企业、私营企业、港澳台商投资企业及外商直接投资企业生产总值继续保持稳健增长。其中，私营企业增长速度最快，达到 4.39%。截至 2016 年末，全省规模以上工业企业数达到 19838 户，比上年增加 761 户，增长了 3.99%（图 1-2）。一直以来，安徽省重视中小企业的发展状况，及时出台相应的扶持政策，促进中小企业持续健康发展。全省规模以上中型企业生产总值由 2015 年的 1845.91 亿元增加至 2016 年的 1868.65 亿元，增长 2.77%；规模以上小型企业生产总值由上年的 4470.77 亿元增加至 2016 年的 4644.15 亿元，增长 5.46%。工业对经济增长贡献率为 41.21%，比上年下降了 5.29 个百分点，但全省工业仍保持平稳发展势头。

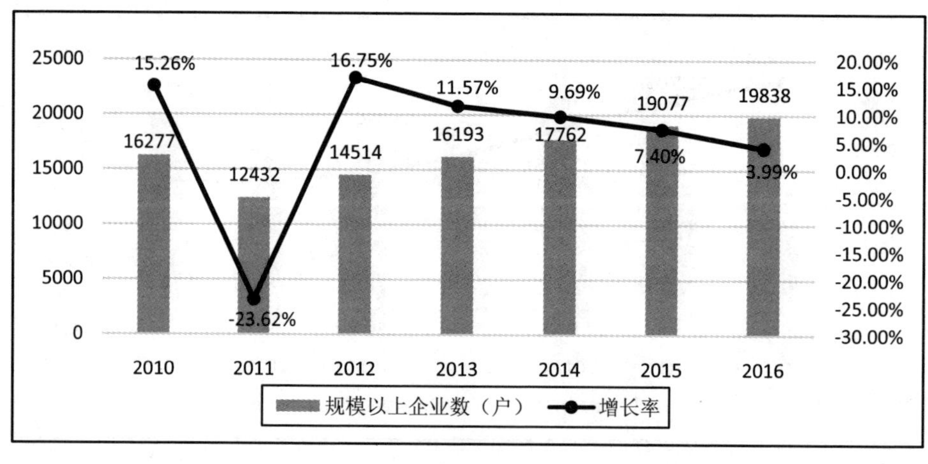

图 1-2 2010—2016 年安徽省规模以上企业数及增长率

（三）地方财政实力不断增强

2016年，安徽省财政运行总体平稳、稳中有进。全年财政收入达4373.15亿元，增长9%，比上年9.53%的增幅低了0.53个百分点（图1-3）。其中，地方财政收入为2672.79亿元，增长8.9%，比上年10.63%的增幅低了1.73个百分点。在全部财政收入中，增值税收入为530.34亿元，增长94.19%；营业税收入为309.99亿元，下降47.17%；企业所得税为233.24亿元，下降0.99%；个人所得税为59.28亿元，增长11.57%。自2010年以来，全省财政收入持续快速增长，六年间翻了2.12倍，直接反映出安徽省财力的不断增强，为保障和改善民生提供了强有力的支撑。

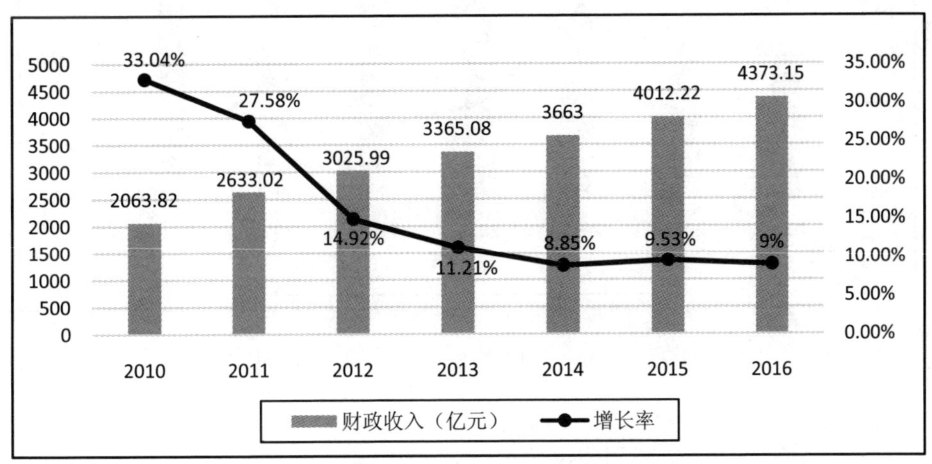

图1-3　2010—2016年安徽省财政收入及增长率

随着财政收入的增加，财政支出亦随之逐步提高，安徽省不断优化支出结构，保障基本民生和重点支出，集中力量支持普惠性、基础性、兜底性民生建设，织密托底民生保障网。2016年，全省地方财政支出完成5522.95亿元，增长5.42%，比上年12.33%的增幅低了6.91个百分比（图1-4）。其中，公共安全支出为221.17亿元，增长12.81%；科学技术支出为259.5亿元，增长75.4%；社会保障和就业支出为761.59亿元，增长10.13%。以上三项支出增幅都在10%以上，尤其以科学技术的增幅最为显著。教育支出为910.87亿元，增长

6.32%；城乡社区事务支出为669.06亿元，增长9.74%；节能环保支出为133.64亿元，增长7.06%；农林水事务支出为624.83亿元，增长8.15%；国防支出为6.08亿元，增长7.49%。以上四项支出增幅均在5%以上，保持着平稳的增长。但文化体育传媒、医疗卫生及住房保障等支出有所下降，分别下降4.49%、1.13%和17.11%。全年民生支出达到4626亿元，占全省财政支出的83.8%，精心组织实施33项民生工程，累计投入825.5亿元，持续推进民生问题解决。

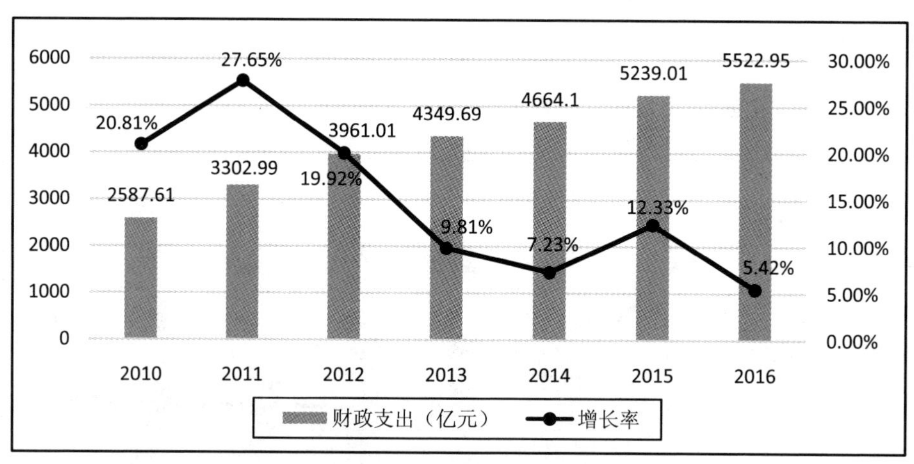

图1-4　2010—2016年安徽省财政支出及增长率

（四）固定资产投资规模持续扩大

2016年，安徽省固定资产投资达26758.11亿元，比上年增长11.65%（图1-5）。其中，工业及信息化产业技术改造投资6363.2亿元，增长10.5%；基础设施投资5285.9亿元，增长26%；民间投资18375.4亿元，增长6.5%。从区域来看，皖江示范区投资18438.4亿元，增长11.7%；皖北六市投资7017.8亿元，增长13%。从产业来看，第一产业投资813.63亿元，增长6.59%；第二产业投资11742.08亿元，增长9.75%；第三产业投资14202.4亿元，增长13.59%。从行业来看，工业投资增长9.6%，其中制造业增长9.4%，制造业中装备制造业增长16.8%；金融业增长27.84%；教育投资增长37.62%；水利、环境和公共设备管理投资增长27.67%；卫生和社会工作投资增长3.13%；文化、体育和娱乐业投资增长1975%。2016年，安徽省全年房地产开发投资4603.6亿元，比上年增长4%。商品房销售面积8499.7万平方米，增长37.7%；商品房销售额5035.5亿元，增长49.4%。全年开工建成各类保障性安居工程住房30.2万套。

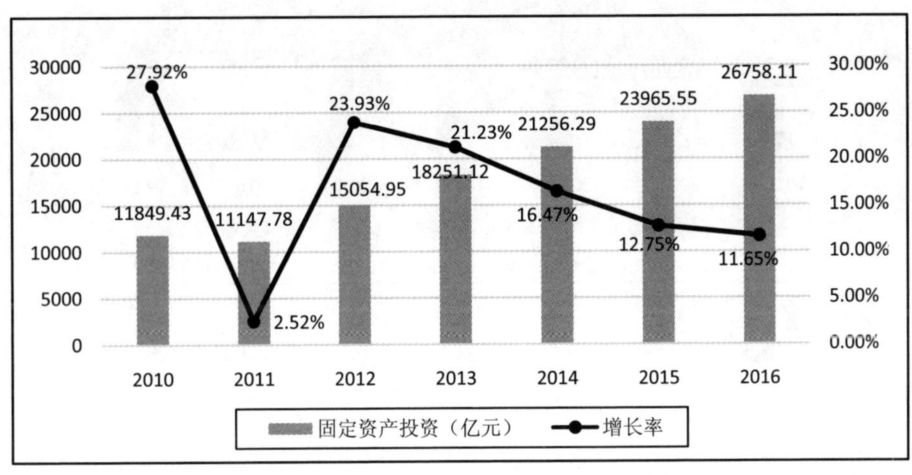

图1-5　2010—2016年安徽省固定资产投资及增长率

（五）居民生活水平显著提升

2016年，安徽省城镇居民人均可支配收入为29155.98元，比上年增长8.24%，扣除价格因素后，实际增长6.33%；人均消费性支出为19606.25元，比上年增长13.77%；城镇居民家庭恩格尔系数为32.50%，比上年下降了1.2个百分点。农村居民人均可支配收入为11720.47，比上年增长8.31%，扣除价格因素后，实际增长6.6%；人均消费性支出为10287.30元，比上年增长14.62%，农村居民家庭恩格尔系数为34.20%，比上年下降1.6个百分点。2016年，安徽省城镇和农村居民人均可支配收入均保持较高速度增长，人民生活福祉不断提升（图1-6）。

（六）民生工程建设持续加快

2016年末，安徽省参加城镇基本养老、基本医疗保险人数分别为892.2万人和1621.4万人，参加失业保险人数为448.5万人，全年累计为16.9万名失业人员发放了不同期限的失业保险金，全省参加工

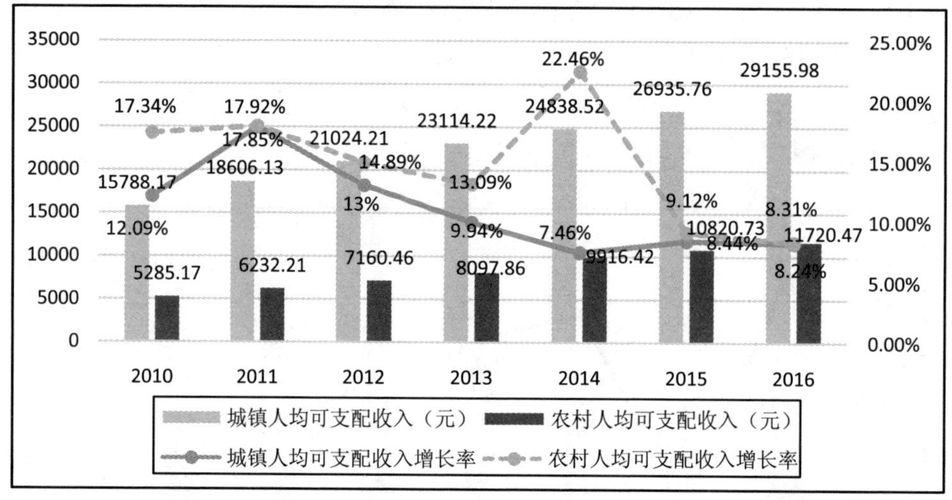

图 1－6　2010—2016 年安徽城乡居民人均可支配收入及增长率

注：2010—2013 年以农村人均纯收入代替农村人均可支配收入

伤、生育保险人数分别为 546.3 万人和 517.6 万人。城乡居民养老保险参保人数为 3431.9 万人，其中新型农村合作医疗的农业人口 5121.2 万人，参合率为 102.5％。54.41 万人享受城市居民最低生活保障，149.82 万人享受农村居民最低生活保障，农村五保供养 40.98 万人。全年民政部门直接救助 87.6 万人次，资助参加基本医疗保险 395.7 万人。2016 年末，全省各类提供法定住宿的社会服务机构共 1295 个，床位 16.37 万张，收养各类人员 85.4 万人。城镇社区服务设施达 8086 个，其中社区服务站 4431 个。

（七）城镇化进程不断加快

2016 年末，安徽省常住人口达 6195.5 万人，比上年增加 51.89 万人，同比增长 0.84％（图 1－7）。其中居住在乡村的人口为 2974.5 万人，占总人口的 48.01％；居住在城镇的人口为 3221.0 万人，占总人口的 51.99％。全省常住人口城镇化率由上年的 50.50％提高至 51.99％，提高了 1.49 个百分点，增幅略高于全国平均水平，与全国差距从上年的低 5.6 个百分点，进一步缩小到低 5.36 个百分点，但仍相对落后。其中，合肥、马鞍山、淮北、淮南和芜湖五个城市的常住人口城镇化率超过 60%，其中合肥最高（72.05%）。蚌埠、滁州、宣城、铜陵和池州的常住人口城镇化率也均在 50%以上，剩余的 7 市不足 50%。分区域来看，合肥经济圈城镇化发展优势明显，核心带动作用日益突出；皖江地区综合实力显著增强，成为全省城镇化重点地区；皖北地区城镇经济社会实力亦在不断提升。但同时，安徽省城镇化发展质量不高，2016 年户籍人口城镇化率为 29.52%，远低于常住人口城镇化率，表明相当一部分人群虽然居住在城镇，但并没有真正落户城镇，更没有同步享受城镇的教育、医疗、就业、住房等市民化待遇，各市应进一步降低落户门槛，加快推动农业转移人口市民化。

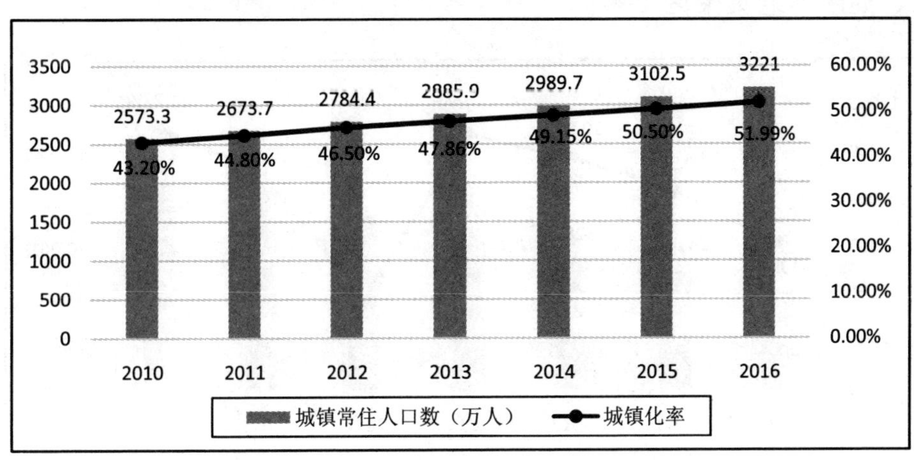

图 1－7　2010—2016 年安徽省城镇常住人口数及城镇化率

（八）服务业发展速度全面加快

2016 年，安徽省服务业实现增加值 9959.92 亿元，按可比价格计算，比上年增长 11.27%，高于全省 GDP 增速 2.59 个百分点，高于第二产业增速 3.29 个百分点（图 1－8）。服务业对经济增长的贡献率为 50.78%，比上年提高了 9.65 个百分点，拉动 GDP 增长 4.41 个百分点。服务业占 GDP 的比重为 41.3%，同比提高 2.21 个百分点。2016 年，安徽省批发和零售业、住宿和餐饮业、交通运输仓储和邮政业等传统服务业平稳发展，按可比价格计算，分别增长 6.76%、7.21%和 3.87%，与上年相比，交通运输仓储和邮政业增速下降 2.56 个百分点，批发和零售业、住宿和餐饮业增速分别上升 0.86 和 1.46 个百分点。信息传输、软件和信息技术服务业等现代服务业为主的其他营利性服务业发展强势，其中信息传输、软件和信息技术服务业增速最快，达到 26.69%，幅度比上年提高 10.19 个百分比；房地产业增长 12.02%，比上年提高 6.65 个百分点；其他非营利性服务业发展也保持良好发展状态，增速均在 7%以上。近年来，安徽省服务业集聚区建设不断提速，截至 2016 年底，全省共设立了 131 家省级服务业集聚区。其中，现代物流集聚区 29 家，科技服务集聚区 12 家，软件与信息服务集聚区 8 家，金融商务集聚区 20 家，电子商务集聚区 15 家，新型专业市场 10 家，创意文化服务集聚区 5 家，旅游休闲集聚区 31 家，健康养老集聚区 1 家。

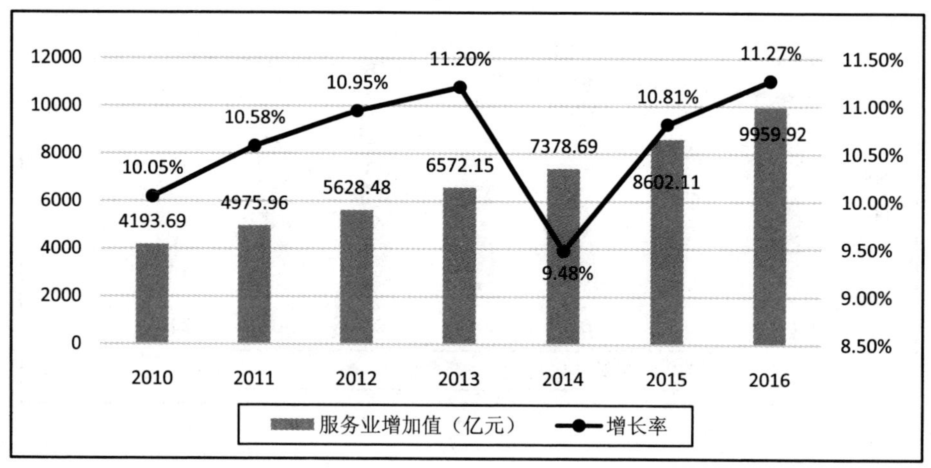

图 1-8 2010—2016 年安徽省服务业增加值及增长率

二、安徽与全国以及中部地区对比分析

（一）安徽省主要经济指标与全国对比

1. 主要经济指标占 GDP 比重的比较

2016 年，安徽省固定资产投资占 GDP 比重为 110.95%，高于全国 80.16%的平均水平。长期以来，安徽省依靠投资来拉动经济，取得了巨大的成绩，但同时一些严重问题也开始逐步凸显，出现了投资规模过大，增幅过快，效率下降，以至于产能严重过剩、负债过重的

状况，需要政府和企业有所作为，控制固定资产投资的合理增长，不断调整投资结构，提升投资效率。安徽省地方财政支出占 GDP 比重为 22.9%，高于全国平均水平 21.56%；地方财政收入占 GDP 比重为 11.08%，低于全国平均水平 11.72%（表 1-1）。与全国平均水平相比，安徽省财政运行面临着更大的收支缺口压力，在一定程度上将影响到全省财政的可持续性。安徽省进出口占 GDP 比重为 12.22%，低于全国 32.9%的平均水平，安徽外贸发展还存在较为突出的短板。

表 1-1　2016 年安徽主要经济指标占 GDP 比重与全国比较　　单位：%

指标	安徽	全国
固定资产投资占 GDP 比例	110.95	80.16
地方财政收入占 GDP 比例	11.08	11.72
地方财政支出占 GDP 比例	22.9	21.56
进出口总额占 GDP 比例	12.22	32.9

2. 主要经济指标的增速比较

2016 年，面对全国经济持续下行的外部环境，安徽省经济运行呈现总体平稳、稳中加快的良好态势，多数主要指标增幅快于全国。其中，生产总值增速高于全国平均水平 1.98 个百分点（图 1-9），工业增加值增速高于全国平均水平 2.49 个百分点，地方财政收入增速高于

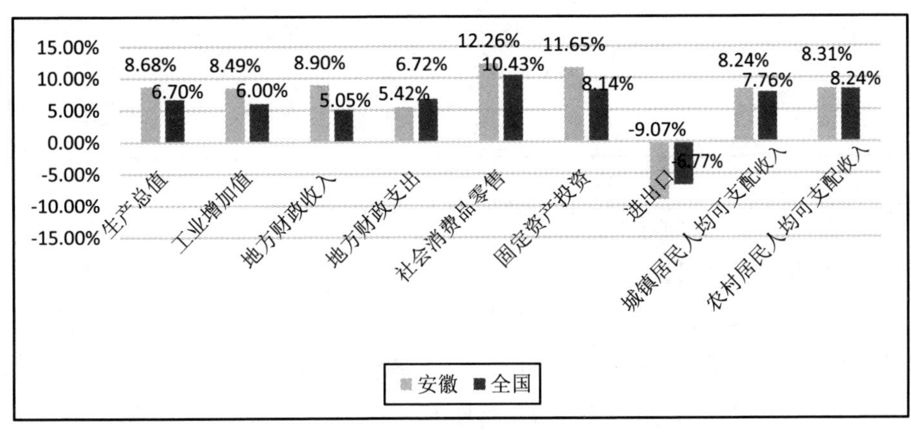

图 1-9　2016 年安徽省主要经济指标增速与全国均值比较

全国平均水平 3.85 个百分点，社会消费品零售总额增速高于全国平均水平 1.83 个百分点，固定资产投资增速高于全国平均水平 3.51 个百分点，城镇居民人均可支配收入增速高于全国平均水平 0.48 个百分点，农村居民人均可支配收入增速高于全国平均水平 0.07 个百分点。而地方财政支出增速低于全国平均水平 1.3 个百分点，进出口贸易总额下降幅度高于全国平均水平 2.3 个百分点。

3. 人均经济指标的比较

2016 年，安徽省主要人均经济指标均低于全国平均水平，除了人均固定资产投资额略高于全国，其中全国人均生产总值、人均地方财政收入、人均地方财政支出、人均社会消费品零售总额、人均进出口总额、城镇居民人均可支配收入、农村居民人均可支配收入分别是安徽的 1.38、1.46、1.3、1.49、3.72、1.15、1.05 倍（图 1-10）。

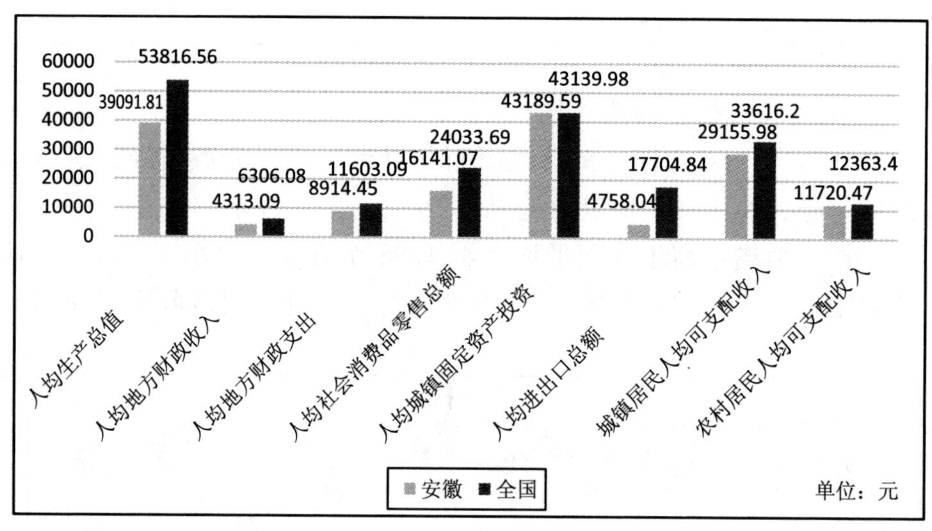

图 1-10　2016 年安徽省主要人均指标与全国均值比较

4. 产业结构指标

2016 年，安徽省三次产业结构为 10.64∶48.06∶41.3，全国的三次产业结构为 8.56∶39.81∶51.63，安徽的第一产业比重略高于全国平均水平，第二产业比重与全国相比高了 8.25 个百分点，第三产业比重则比全国低了 10.33 个百分点（图 1-11）。从经济发展规律看，安徽省存在经济产业层次偏低、结构不优等问题，第三产业比重偏低，应在大力发展第二产业的同时，不断提高第一、第三产业的发展水平与质量，促进三次产业协调发展。

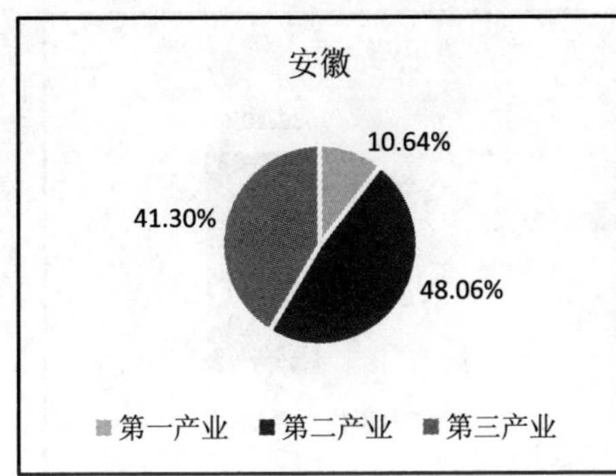

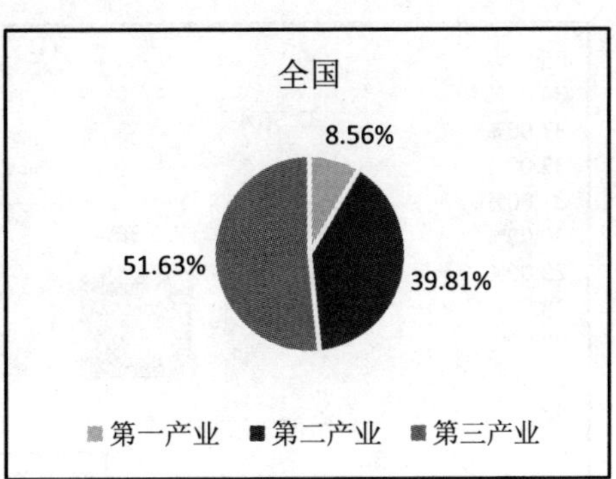

图 1－11　2016 年安徽省产业结构与全国均值的比较

5. 进出口贸易结构

2016 年，安徽省出口总额占进出口贸易总额比重为 64.18%，进口总额占比为 35.82%，而全国出口总额和进口总额占全部进出口总额比重分别为 56.93%、43.07%（图 1－12），相较于全国平均水平，安徽省贸易顺差较大，外贸结构有待进一步优化。

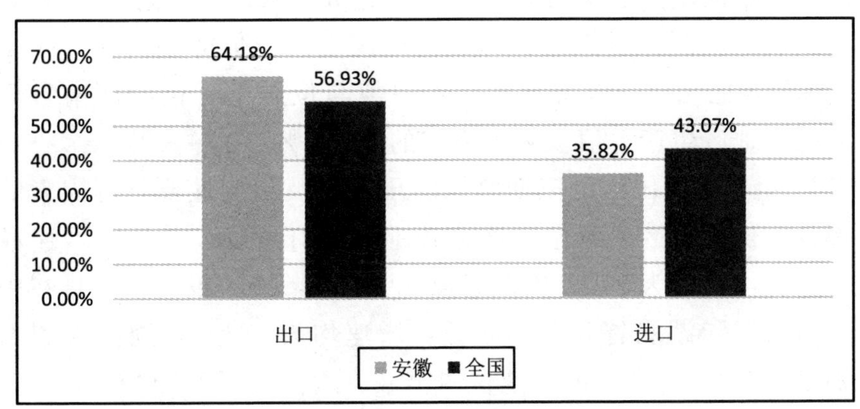

图 1－12　2016 年安徽省进出口贸易结构与全国均值的比较

6. 城乡居民消费结构比较

2016 年，安徽省城镇居民家庭恩格尔系数为 32.50%，农村居民家庭恩格尔系数为34.20%，两者均高于全国平均水平（图1－13）。按照恩格尔系数评价标准，安徽省城镇居民和农村居民均处于富裕阶段，但与全国平均水平相比还存在较大差距。

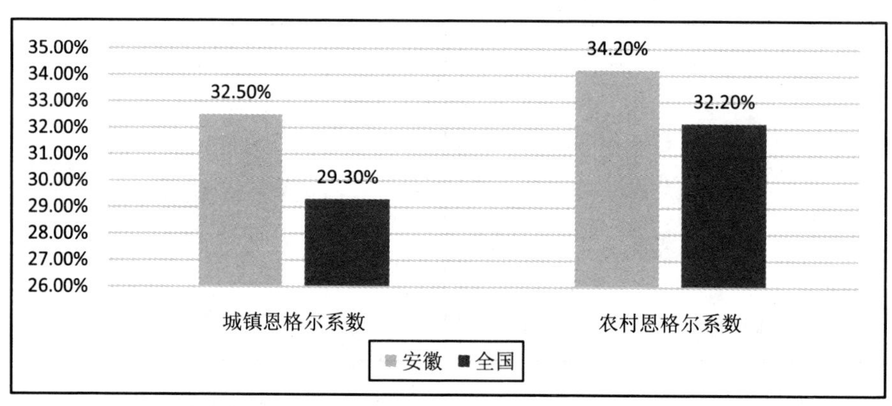

图1－13　2016年安徽省城乡居民家庭恩格尔系数与全国均值的比较

（二）安徽省主要经济指标与中部地区对比

2016年，中部六省地区生产总值达到159113.2亿元，占全国的20.62%，比上年提高0.31个百分点。其中，安徽省地区生产总值为24117.89亿元，在中部六省排名第四，而河南省、湖北省、湖南省排在前三位，地区生产总值分别为40160亿元、32297.9亿元、31244.7亿元，江西和山西位居第五、六位，地区生产总值分别为18364.4亿元、12928.3亿元。安徽省地区生产总值与位居第一位的河南省仍有较大差距，地区生产总值仅为河南省的60.05%（表1－2）。

2016年，受我国经济三期叠加的压力以及结构性调整等因素的影响，部分省份的地区生产总值增速较上年稍有下降。其中，增速最快的为江西省，增速为9%，安徽省以8.7%的增速紧跟其后，排在中部第二，河南省和湖北省并列第三位，增速均为8.1%，湖南省和山西省分别以7.9%和4.5%的增速位居第五、六位（图1－14）。

中部六省三次产业结构由2015年的10.8∶46.8∶42.4变为2016年的10.45∶45.35∶44.2，第一、第二产业比重分别下降了0.35和1.45个百分点，而第三产业比重则上升了1.8个百分点。其中，安徽省第一产业占比由上年的11.26%回落到10.64%，第二产业占比由

49.75％回落到48.06％，第三产业占比由39.09％上升到41.3％。在中部六省中，安徽省第一产业产值增长率排名第六，第二产业产值增长率排名第二，第三产业产值增长率排名第一。

表1-2　2016年中部六省生产总值及增速比较　　单位：亿元

指标 地区	GDP		一产		二产		三产	
	绝对值	增长率	绝对值	增长率	绝对值	增长率	绝对值	增长率
安徽	24117.9	8.7％	2567.7	2.7％	11590.1	8.0％	9959.9	11.3％
河南	40160	8.1％	4286.3	4.2％	19055.4	7.5％	16818.3	9.9％
江西	18364.4	9％	1904.5	4.1％	9032.1	8.5％	7427.8	11.0％
湖北	32297.9	8.1％	3499.3	3.9％	14375.1	7.8％	14423.5	9.5％
湖南	31244.7	7.9％	3578.4	3.3％	13181.0	6.6％	14485.3	10.5％
山西	12928.3	4.5％	784.6	2.9％	4926.4	1.5％	7217.4	7.0％

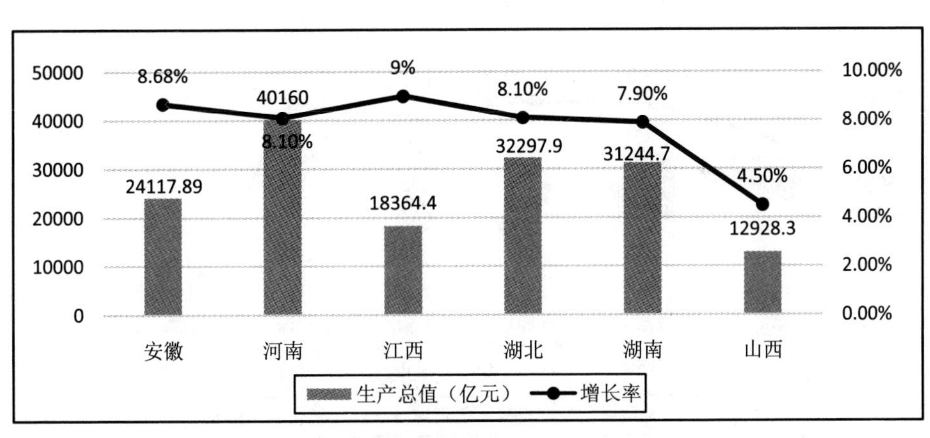

图1-14　2016年中部六省地区生产总值及增长率

2016年，中部六省间地方财政收入增速差距较大，其中江西省和山西省地方财政收入均较上年有所下降，且山西省以－5.2％的增速排名六省末位。而安徽省实现地方财政收入2672.79亿元，同比增长8.9％，总量位居中部六省第三位，增速位居六省首位（图1-15）。

2016年，中部六省完成固定资产投资156942.41亿元，比上年增长12.05％，大幅度高于全国平均水平。安徽省完成固定资产投资

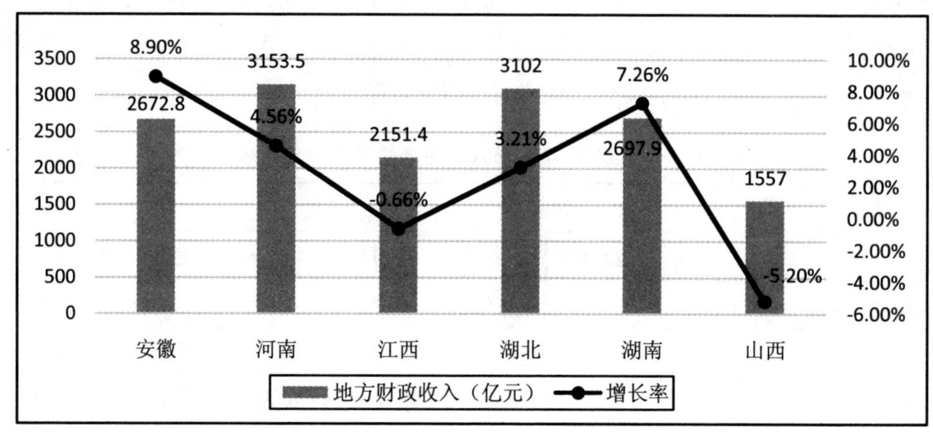

图 1－15　2016 年中部六省地方财政收入及增长率

26758.11 亿元，同比增长 11.65％，规模居中部六省第四位，增速位居中部六省第五位（图 1－16）。

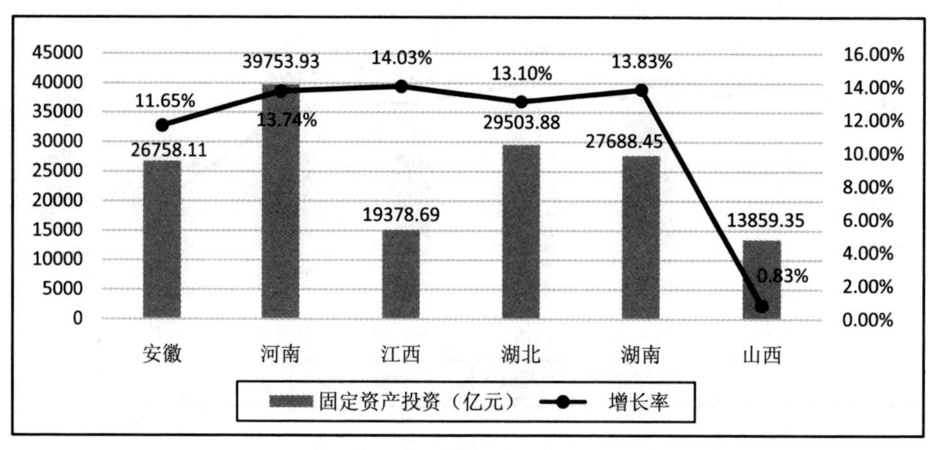

图 1－16　2016 年中部六省固定资产投资额及增长率

2016 年，中部六省实现社会消费品零售总额 69819.4 亿元，比上年增长 11.47％，略高于全国平均水平。其中，安徽省社会消费品零售总额达 10000.2 亿元，位居中部六省第三位，而增速达到 12.26％，位居中部六省第一位（图 1－17）。

2016 年，受全球贸易持续低迷的影响，除山西省外其余中部五省进出口贸易总额均有不同程度的减少。六省进出口贸易总额为 2378.9

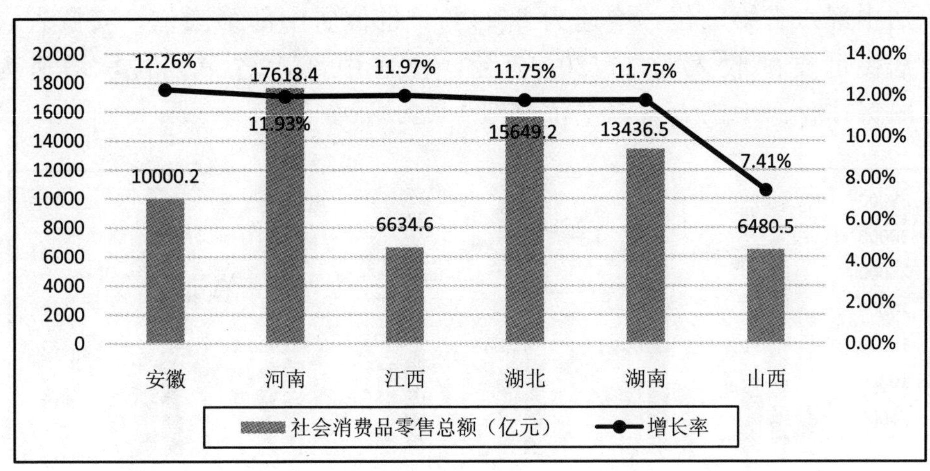

图 1－17　2016 年中部六省社会消费品零售总额及增长率

亿美元，比上年下降 6.53%。其中，安徽省进出口贸易总额为 443.8 亿美元，规模位居中部六省第二位，比上年下降 9.07%，降幅位居中部六省第三位（图 1－18）。

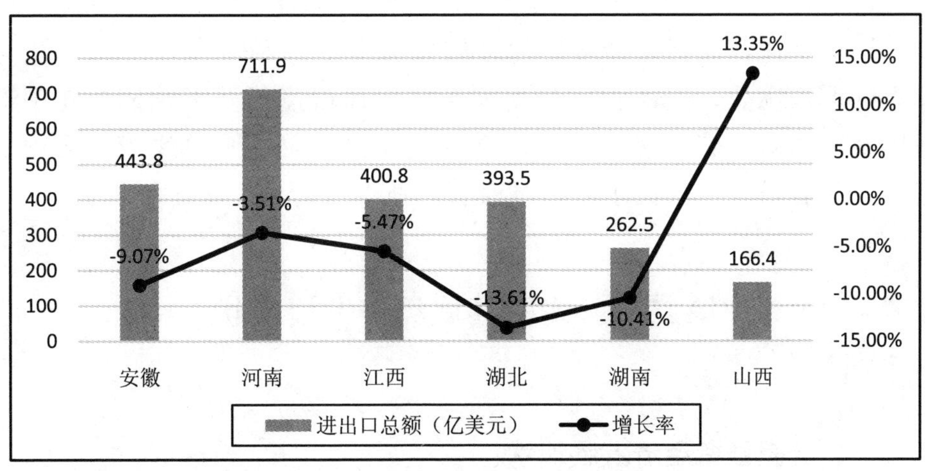

图 1－18　中部六省进出口总额及增长率

2016 年，中部六省人均可支配收入均在 20000 元左右，安徽省以人均可支配收入 19998.1 元排在第四位，比排名第一的湖北省低了 1788.5 元。其中，安徽省城镇居民人均可支配收入为 29155.98 元，位居中部六省第三位，增速为 8.24%，也位居中部第三位；安徽省农村居民可支配收入为 11720.47 元，位居中部六省第四位，增速为 8.31%，位居中部六省第三位（图 1-19）。

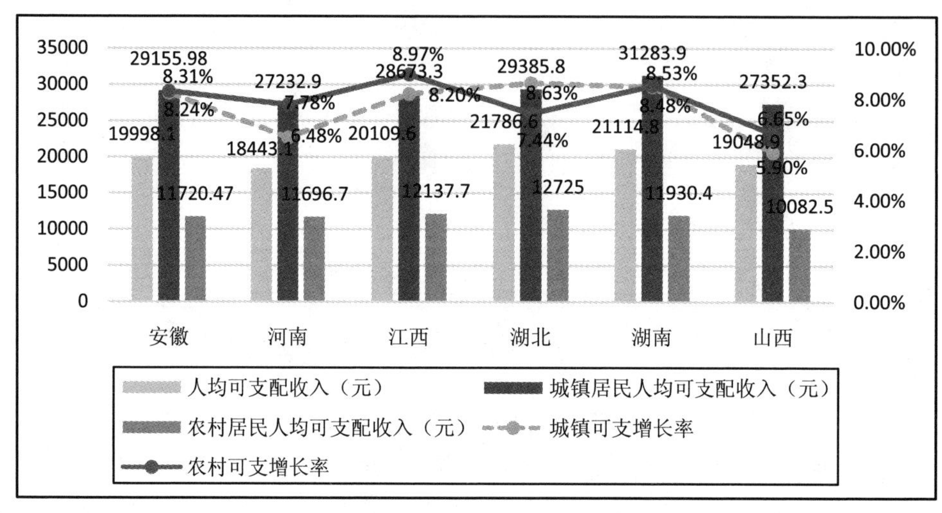

图 1-19 中部六省城乡人均可支配收入及增长率

综上所述，面对复杂多变的国内外经济形势和全省经济下行压力加大的严峻挑战，安徽省多数主要经济指标增速仍好于预期，在中部地区属于相对靠前位置，结构调整步伐加快，质量效益逐步提升，发展活力显著增强，人民生活持续改善，所取得的成就来之不易。

第二节 安徽县域经济发展现状

一、安徽县域经济发展现状

（一）经济实力增强

2016 年，安徽省 61 个县（市）地区生产总值 11588.99 亿元，同比增长 8.74%。10 个县（市）地区生产总值已经超过 250 亿，比上年增加 3 个；5 个县（市）GDP 超 300 亿元，其中，肥西县高达 605 亿元；共有 51 个县的 GDP 超过百亿元，比上年增加 2 个。县域财政实力进一步增强，2016 年全省县域财政收入完成 896.30 亿元，占全省比重为 20.50%。县域财政收入超 20 亿元的由上年的 10 个县增加到 12 个县；超 10 亿元的由上年的 39 个增加到 40 个；共有 57 个县财政收入超过 5 亿元，比上年增加 2 个。县域经济发展活力继续增强，县域完成固定资产投资 12468.90 亿元，共有 34 个县新增固定资产投资额超过 120 亿元，其中肥西县、宁国市、当涂县、天长市、肥东县、无为县、繁昌县、巢湖市已超过 200 亿元。

（二）工业地位日益凸显

“十三五”以来，安徽省大力实施工业强县战略，及时出台相应扶持政策，培育壮大重点县域工业，一批中小企业得以发展壮大，县域工业发展实力逐年增强，工业经济总量扩张，质量效益稳步提升。2016 年，县域工业增加值达到 6080.43 亿元，工业增加值超过百亿元的有 20 个，比上年增加 7 个；规模以上工业增加值为 6091.25 亿元，人均工业增加值为 96.96 万元，企业单位增加 12741 个。县域适应消费结构升级和产业结构调整的要求，把培育壮大新兴产业和改造提升传统产业紧密结合起来，促进工业化进程加快。县域经济对全省经济贡献率稳步提高，工业主导地位稳中有升。2016 年，繁昌县、肥西县、肥东县等第二产业占比高于 65%，当涂县、桐城市、怀宁县、长丰县、天长市等第二产业占比均高于 60%，工业强县战略成效显著，优势产业地位提升，内部结构逐步转型，工业主导地位进一步凸显。

（三）产业结构优化

安徽县域三次产业结构由 2015 年的 18.12∶51.76∶30.12 调整为 2016 年的 17.21∶49.23∶33.56。县域 61 个县（市）三次产业构成状况可分为三种类型：一产比重最大的农业主导型县域，例如一产比重超过 40%的临泉县，定远县、阜南县、寿县、五河县等第一产业占比也超过 30%；二产比重最大的工业主导型县域共 43 个县（市），其中 21 个县（市）二产比重达 50%以上，繁昌县、肥西县、肥东县等 3 个县的二产比重高达 65%以上；此外，还有一些县域第三产业发展强劲，三产比重最大的三产先导型共有 17 个县（市），比上年增加 6 个。

其中祁门县、利辛县、石台县等 3 个县的三产比重达到 45%以上，还有黟县、明光市、休宁县、旌德县、东至县、金寨县、蒙城县、寿县、广德县、无为县等县域第三产业占比均高于 40%。

（四）民生继续改善

2016 年，全省县域持续加大民生投入力度，居民消费和储蓄水平进一步提高，县域社会消费品零售总额为 4037.24 亿元，总额超过 80 亿元的县（市）增加到 16 个，人均社会消费品零售总额为 59.97 万元；县域居民储蓄存款余额 9974.36 亿元，共有 17 个县（市）居民储蓄存款余额超过 200 亿元。居民生活条件不断改善，政府支出加大，科教文卫事业财政支出总额 863.70 亿元，增长率为 6.60%，超过 10 亿元已经有 47 个县（市）；基础设施完善，61 个县（市）中，46 个县有铁路穿过，其中肥东县、濉溪县都有 5 条铁路线穿越；国道里程数和高速公路里程数分别为 2050.50 公里和 3684.50 公里；安徽省县域人均地方财政收入在 2016 年超过 2000 元的有 29 个县，比 2015 年多 2 个县。其中，繁昌县、芜湖县、宁国市、当涂县、肥西县和郎溪县等 6 个县的人均地方财政收入超过 5000 元，比 2015 年增加 2 个县。2016 年，安徽省 61 个县（市）农民人均可支配收入为 11833.16 元，比 2015 年县域农村居民人均纯收入高 948.05 元，城乡居民收入稳步增长；其中，有 43 个县农村人均可支配收入超过 10000 元；有 8 个县农村居民人均可支配收入超过 15000 元，分别是当涂县（20029 元）、芜湖县（18947 元）、繁昌县（18805 元）、南陵县（18751 元）、肥西县（18143 元）、肥东县（17813 元）、巢湖市（16668 元）和长丰县（16149 元）。

（五）就业形势总体稳定

2016 年，安徽省各地方部门认真贯彻党中央国务院决策部署，扎实推进就业工作，就业形势总体稳定。2016 年安徽省各县（市）城镇非私营单位就业人员为 180.43 万人，比 2015 年多 9881 人。就业人员工资总额为 951.98 亿元，比 2015 年多 63.14 亿元；其中，肥西县、巢湖市、凤台县、庐江县、蒙城县、肥东县、长丰县、宁国市、无为县、利辛县、萧县和颍上县这 12 个县的就业人员工资总额超过 20 亿元，比 2015 年的就业人员工资总额超过 20 亿元多 3 个；就业人员工资总额超过 30 亿元的有肥西县（48.25 亿元）、巢湖市（37.63 亿元）、凤台县（33.78 亿元）、庐江县（31.38 亿元）。2016 年，国有单位有 370.35 万个，城镇集体单位有 341.31 万个，分别比 2015 年增加 35.62 万个、25.71 万个。

（六）开放型经济崭露头角

“十三五”以来，安徽省县域开放型经济发展很迅速，形成了全方位、多层次、宽领域的对外开放格局，进出口贸易额不断增长。2016 年全省 61 个县（市）进出口总额为 95.98 亿美元。其中，有 31 个县（市）进出口实际完成额达 1 亿美元以上，其中，肥西县、天长市、宁国市、长丰县、巢湖市、肥东县、芜湖县、广德县、太和县等排名居前 9 位的县（市）进出口总额均达到 3 亿美元以上，进出口实际完成额分别为 13.20、9.15、4.00、4.00、3.84、3.51、3.39、3.39、3.00 亿美元。从进出口总额的增长速度看，肥东县、长丰县和寿县增速最快，2016 年进出口总额同比分别增长 170%、135%和 81.90%，另有 10 个县（市）的增速超过 50%。2016 年安徽县域实际利用外资 55.15 亿美元，同比增长 19.92%。

二、2010—2016 年安徽县域经济的演化分析

（一）县域经济总量不断扩大

2010—2016 年，安徽县域经济保持较快增长，增速除了 2015 年外，其余年份都保持在 8%以上。县域生产总值由 2010 年的 5879.10 亿元增加到 2016 年的 11588.99 亿元，提高了 1.78 倍（图 1-20）。年均增长率达到 11.98%，较全省的年平均水平高出 0.19 个百分点，可见安徽省县域整体经济实力日益扩大，经济发展潜力巨大。

（二）经济结构日趋合理

2010—2016 年，安徽县域三次产业结构趋向合理，三次产业比重由 2010 年的 22.65∶49.15∶28.20 调整为 2016 年的 17.21∶49.23∶33.56，第一产业降低了 5.44 个百分点，第二产业和第三产业则相应提高了 0.08 和 5.36 个百分点（图 1-21）。从经济发展规律来看，安

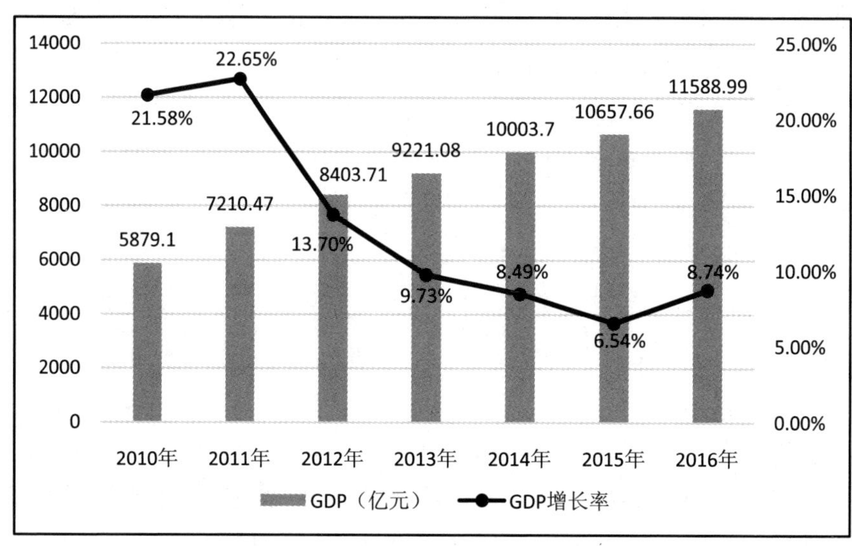

图 1－20　2010—2016 年安徽省县域地区生产总值及增长率

徽省县域经济结构日益合理，第三产业比重提升，经济转型升级颇有成效。

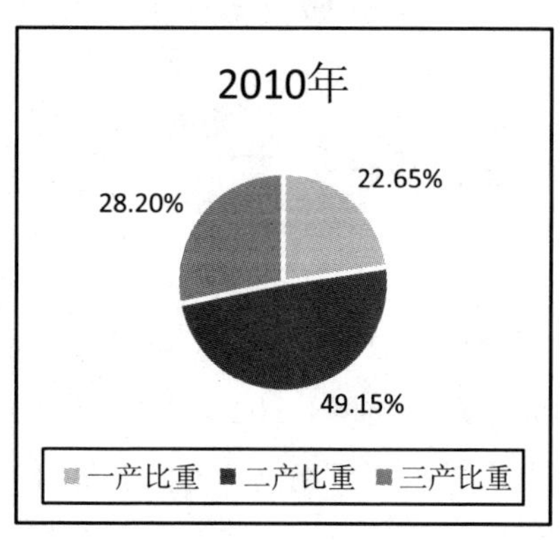

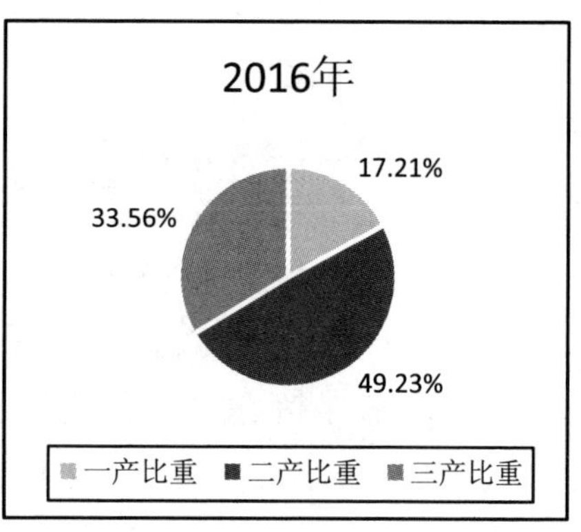

图 1－21　2010、2016 年安徽省县域产业结构对比

结合分析 2010 年到 2016 年安徽省县域经济三次产业结构变化，得出安徽省县域产业结构不断优化。其中，县域三次产业中第一产业所占比例逐年下降，第二产业所占比例先升后略有下降，第三产业所占比例从 2011 年开始上升，2014 年到 2016 年的三产比重上升幅度较大（图 1－22）。

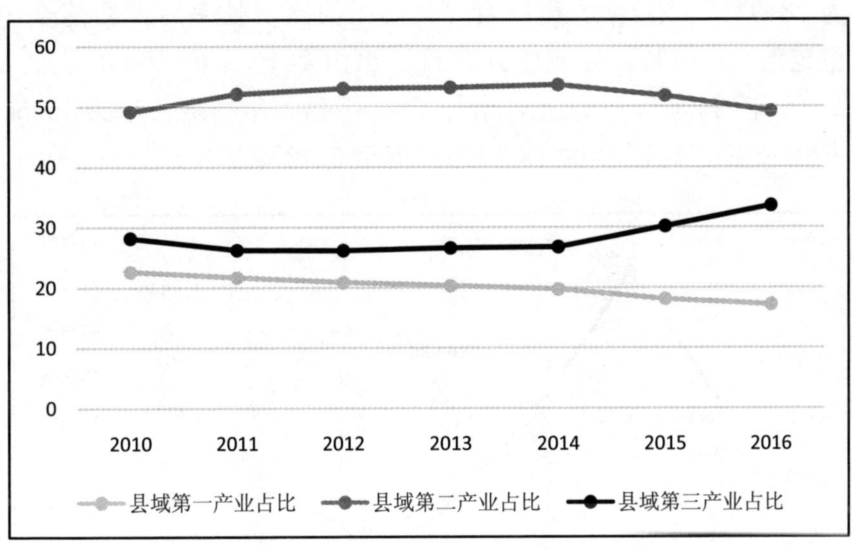

图 1-22　2010—2016 年间安徽省县域三次产业结构比较

（三）财政收入和支出双双保持稳定增长

2010—2016 年，安徽县域地方财政收入保持较快增长，为安徽县域经济的发展提供了保障。县域地方财政收入由 2010 年的 316.18 亿元提高到 2016 年的 896.30 亿元，增加了 2.83 倍（图 1-23），年均增

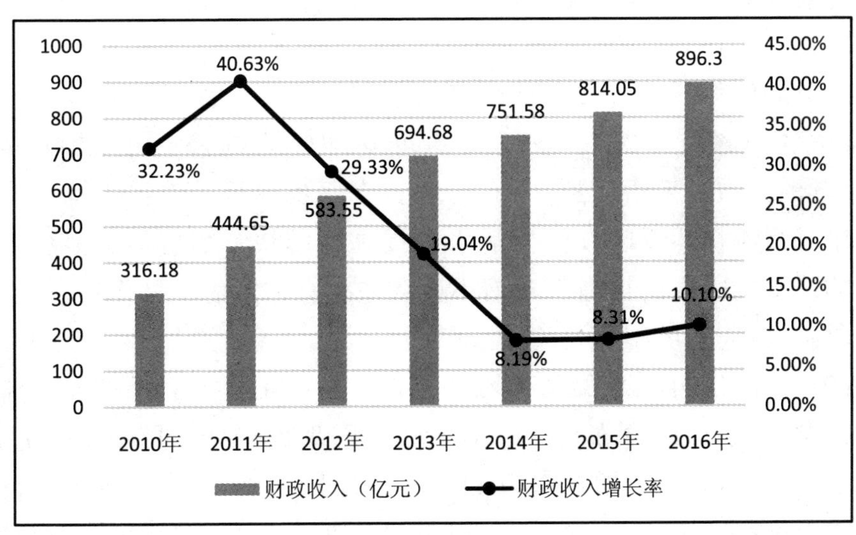

图 1-23　2010—2016 年安徽省县域地方财政收入及增长率

长率为18.97%。在经历2011年40.63%的高增长率后，回落至2016年较稳定的10.10%。县域地方财政支出由2010年的1009.02亿元提升到2016年的2395.79亿元，增加了2.37倍，年均增长率为15.50%，2016年增长率由2015年的13.74%回落至5.12%（图1-24）。

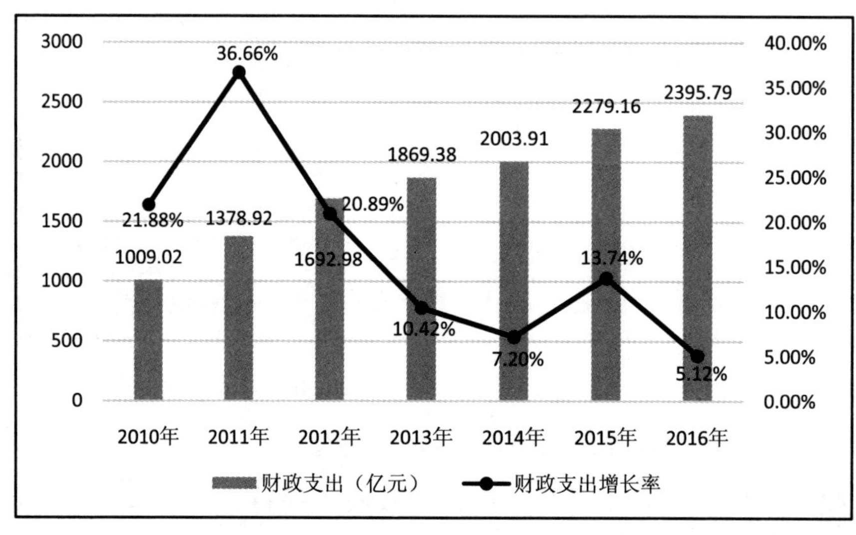

图1-24 2010—2016年安徽省县域地方财政支出及增长率

（四）农民人均可支配收入上升

2010—2016年，安徽县域农民人均可支配收入由2010年的5328.86元变为2016年的11833.79元，增加了2.22倍，年均增长率为14.73%（图1-25）。农民人均可支配收入在经历了2011年的19.46%的高增长率后，到2016年增长率逐步放缓。农民人均可支配收入增长得越快，反映人民生活水平提高得越快，消费能力越强。农民人均可支配收入的提高，对缩小城乡差距有一定的积极作用。

（五）就业人员平均工资持续增长

2010—2016年，安徽省县域就业人员平均工资一直保持着稳步上升的态势，从2010年的28468.93元上升到2016年的53610.67元，增长了1.88倍，年均增长率为11.88%（图1-26）。就业人员平均工资的增长率在经历2011年17.93%的高增长率后，其余年份都保持在7.5%以上，表明就业人员的利益得到充分保障，对其基本生活起到了

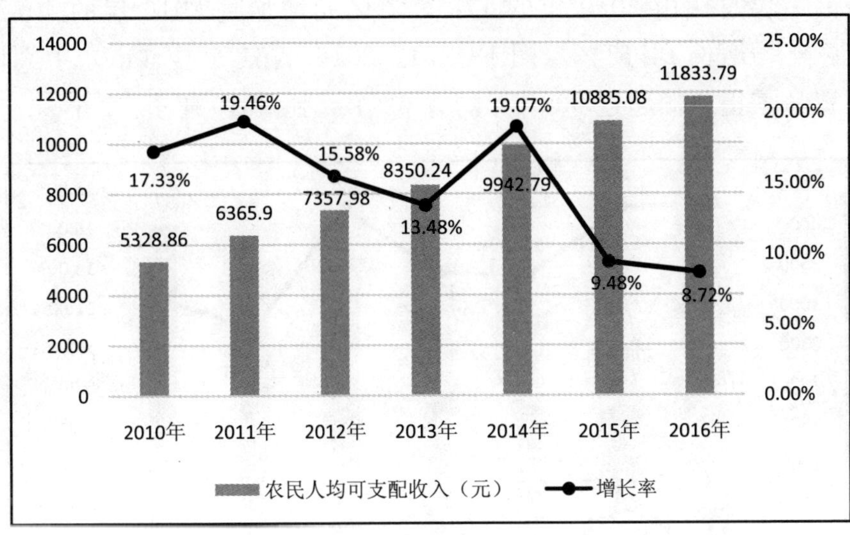

图 1－25　2010—2016 年安徽省县域农民人均可支配收入及增长率

保底的作用，同时该项指标对制定国民经济和社会发展目标具有一定的参考价值。

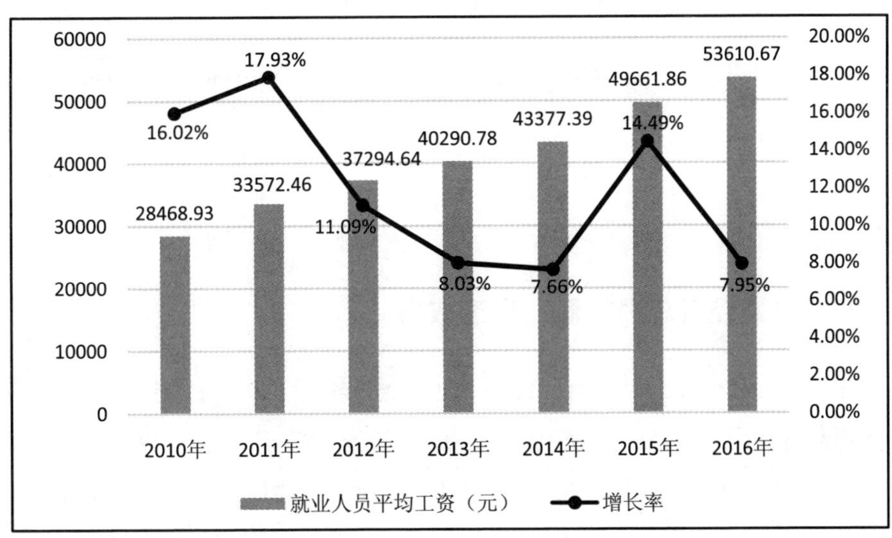

图 1－26　2010—2016 年安徽省县域就业人员平均工资及增长率

（六）消费需求不断扩大

2010—2016 年，安徽省县域社会消费品零售总额不断增长，社会消费品零售总额由 2010 年的 1781.27 亿元增加到 2016 年的 4037.24 亿元，年均增长 14.61%（图 1－27）。2016 年 61 个县（市）中人均社会消费品零售总额超过 9000 元的有 32 个，比 2010 年多 31 个。

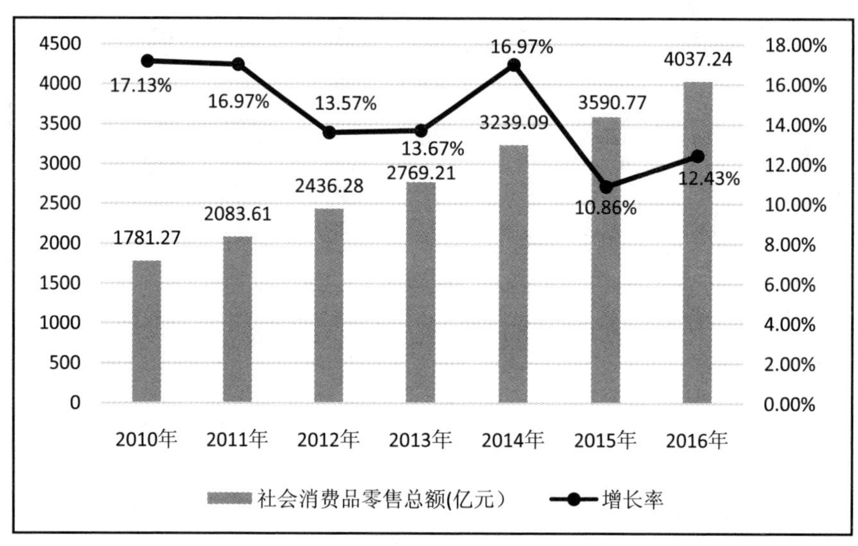

图 1－27　2010—2016 年安徽省县域社会消费品零售总额及增长率

第三节　安徽县域经济发展存在的问题

一、县域经济总量较低，增速放缓

2010—2016 年，安徽省的经济总量不断增加，与之同时，安徽县域经济总量也从 2010 年 5879.1 亿元增长至 2016 年 11589 亿元，但是县域经济总量相对较低，经济实力仍然较弱，县域经济增速逐年下降，由 2010 年的 22.26%下降至 2016 年的 8.74%。就安徽县域经济对全省经济的贡献率而言，总体贡献率波动幅度不大，几乎都处于 47%以上，2012 年更是达到了 49.29%，自 2013 年以来，县域经济的贡献率有所降低，但依旧处于 48%以上。

皖北、皖中和皖南地区县域 GDP 增速分别从 2011 年的 20.57%、24.85%和 23.52%下降至 2014 年的 7.67%、9.02%和 8.58%。2015 年由于将皖中六安市的寿县划入皖北的淮南市，皖中的安庆市枞阳县划入皖南的铜陵市铜陵县，撤销原铜陵县，导致皖中地区县域 GDP 减少，而皖北县域 GDP 增加，GDP 增速有所上升。面对宏观经济的大环境，GDP 增速均有所调整，2016 年皖北、皖中和皖南的县域 GDP 增速分别为 9.78%、8.24%和 8.31%（图 1-28～图 1-29）。

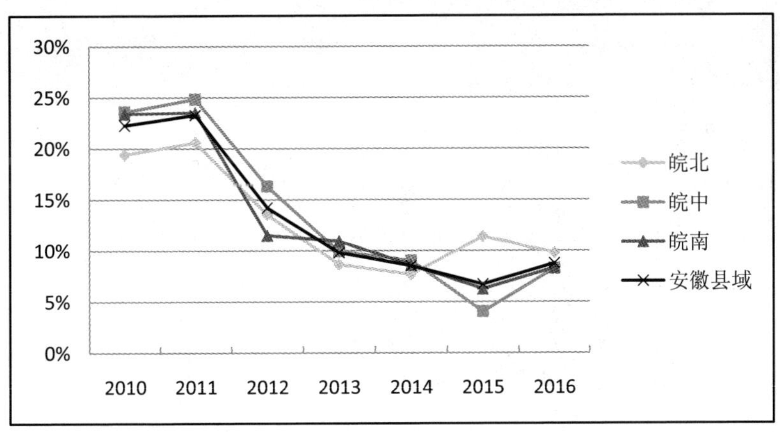

图 1-28　皖北、皖中、皖南及安徽县域 GDP 增速对比

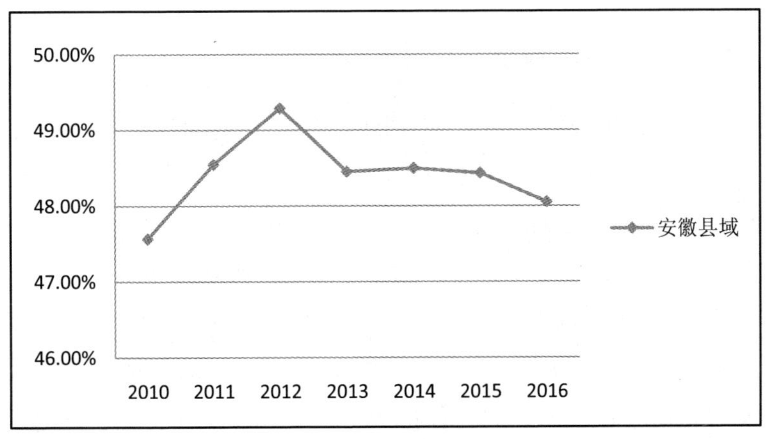

图 1-29　安徽省县域经济对总体经济的贡献率

从不同区域GDP总量来看，皖北、皖中和皖南的县域经济总量逐年增加。从不同区域县域GDP占比来看，皖中地区的县域GDP占比一直高于皖北和皖南地区，且GDP占比一直高于40%，说明皖中地区的经济发展对安徽省的经济发展起到了重要的推动作用。由于2010年将巢湖市及所属县进行了重新的划分，皖中地区的GDP占比由2010年的48.27%降至2011年的44.21%，皖南地区的GDP占比却从2010年的21.41%增至2011年的26.86%（图1-30）。从2011年至2014年，各区域GDP占比相对稳定。

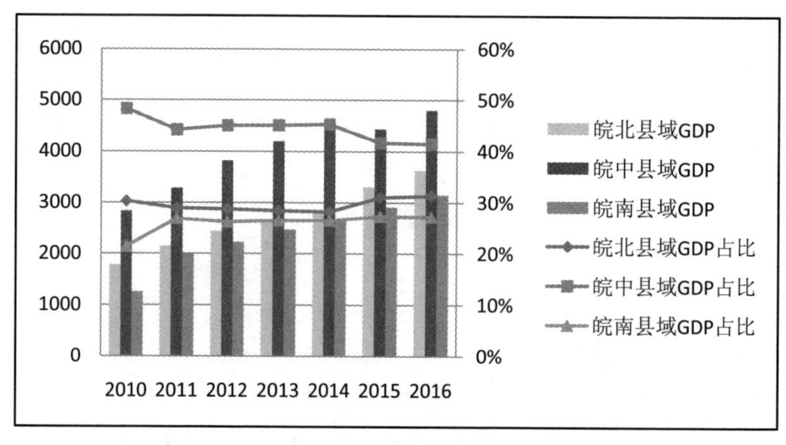

图1-30 皖北、皖中、皖南县域经济变化情况

二、产业结构升级较慢，层次较低

对比2010年和2016年安徽省的县域产业结构，三产占比由2010年的23.08∶49.12∶27.80到2016年的17.21∶49.23∶33.56。第一产业比重有所下降，第三产业比重有所上升，第二产业基本不变，呈明显的“二三一”发展格局。安徽县域工业以制造业为主，且产业集群多元，县域工业不仅是安徽省县域经济发展的主动力，而且对全省工业发展也具有较强支撑作用。从皖北、皖中和皖南不同区域来看，皖北地区的三产占比由2010年的30.87∶40.53∶28.95调整到2016年的23.99∶40.58∶35.43。皖北地区的产业结构经历了第一产业比重下降，第三产业比重上升的过程。皖中地区的三产占比由2010年的

21.82∶51.17∶27.01 调整到 2016 年的 15.56∶53.48∶30.97，皖中地区的产业结构经历了第一产业比重下降，第二产业比重和第三产业比重上升的过程。皖南地区的三产占比由 2010 年的 14.87∶56.68∶28.46 调整到 2016 年的 11.92∶52.72∶35.36（表 1－3）。皖南地区的产业结构经历了第一产业和第二产业比重下降，第三产业比重上升的过程。总体来看，皖北地区的第一产业比重虽然下降了，但总高于皖中和皖南地区，甚至高于安徽省县域的第一产业比重，而皖中和皖南地区的第二产业比重也高于皖北地区和安徽县域平均水平，且三大区域的第三产业比重都不够高。

表 1－3　安徽各区域县域经济产业结构情况　　单位：%

	2010 年				2016 年			
	皖北	皖中	皖南	平均	皖北	皖中	皖南	平均
一产比重	30.87	21.82	14.87	23.08	23.99	15.56	11.92	17.21
二产比重	40.53	51.17	56.68	49.12	40.58	53.48	52.72	49.23
三产比重	28.59	27.01	28.46	27.80	35.43	30.97	35.36	33.56

从图 1－31 可以看出，皖北地区的三产占比由 2010 年的 30.87∶40.53∶28.95 调整到 2016 年的 23.99∶40.58∶35.43。第二产业比重

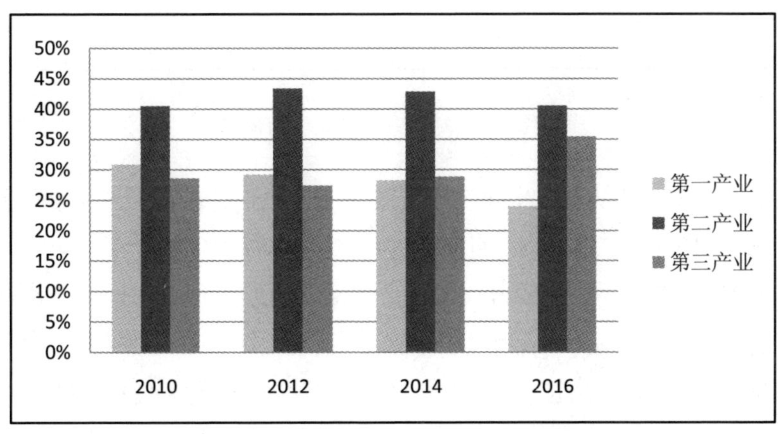

图 1－31　皖北地区产业结构情况

波动不大，第三产业比重有所上升，虽然第一产业比重有所下降，但仍然占据着较高比重，这主要是由于皖北地区有较好的农业生产条件，农业在皖北地区占据重要地位，因此皖北地区主要以农产品生产及加工为主，同时，以农产品加工制造以及以农产品为原料的第二产业也得到了发展。

从图 1 - 32 中可以看出，皖中地区的三产占比由 2010 年的 21.82∶51.17∶27.01 调整到 2016 年的 15.56∶53.48∶30.97。第一产业占比逐年有所下降，第三产业占比逐年有所增加，但第二产业占比变化幅度较小，且一直占据着较高比重。皖中地区通过合肥市县域发展的中心辐射力，第一产业、第二产业和第三产业都得到了较好的发展，但第一产业和第二产业比重仍较高。

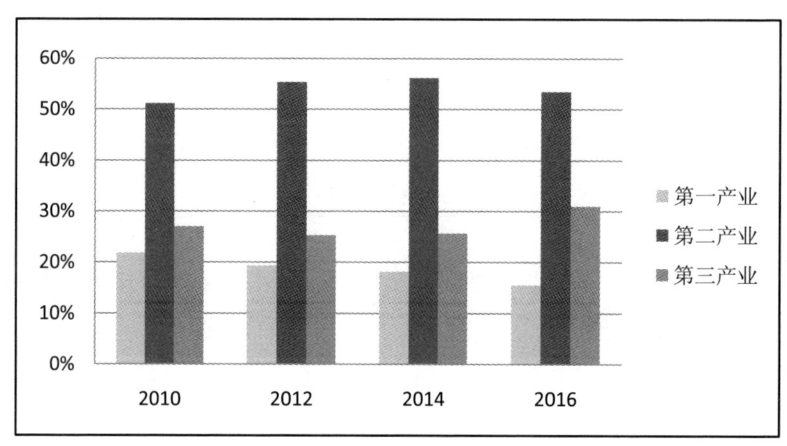

图 1 - 32　皖中地区产业结构情况

从图 1 - 33 可以看出，皖南地区的三产占比由 2010 年的 14.87∶56.68∶28.46 调整到 2016 年的 11.92∶52.72∶35.36。第一产业和第二产业比重波动幅度较小，第三产业比重有所上升。皖南地区以县域自身的旅游资源，着重发展旅游业和服务业，并以此促进第三产业的提升，同时便捷的交通和区位优势及旅游特色也带动了第二产业的发展，但第二产业比重较高，都在 50％以上，第三产业比重上升较慢。

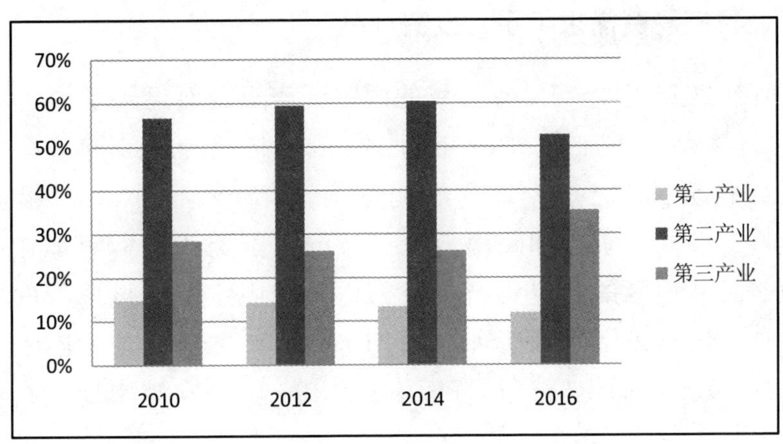

图1-33　皖南地区产业结构情况

从以上三大区域的产业结构变化可以看出，第一产业比重均处于下降的趋势，第二产业大体上保持稳定，第三产业比重均处于不断上升的态势，说明安徽省的县域都在大力发展第三产业。虽然安徽省县域的第三产业比重在逐年提高，但较为缓慢，且第二产业比重过高，因此各地区县域的这种“二三一”产业结构仍需进一步调整优化（图1-34）。

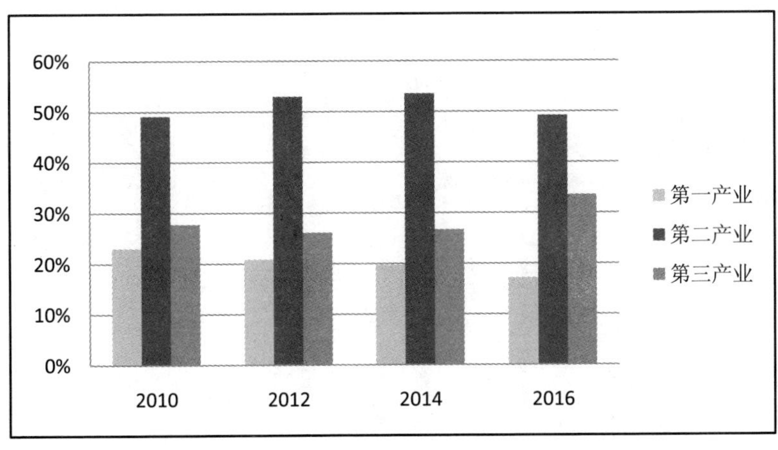

图1-34　安徽县域产业结构情况

三、县域消费需求不足，投资过高

2010—2016 年，安徽省县域的固定资产投资额逐年增加，从 2010 年的 5224.8 亿元增加至 2016 年的 12468.9 亿元。2010 年安徽省县域固定资产投资额与县域 GDP 的比率为 88.87%，到 2016 年上升为 107.59%。皖北、皖中和皖南地区县域的固定资产投资额都在不断增加，但是皖北地区的固定资产投资额占县域固定资产投资额的比率从 2010 年的 17.74%下降到 2011 年的 15.19%，之后呈现出不断上升的趋势，到 2016 年固定资产投资额占比为 26.02%；皖中地区县域固定资产投资额占比由 2010 年的 49.26%下降至 2011 年的 43.51%，之后几年呈现稳中有升的趋势，在 2015 年和 2016 年又呈现下降的趋势，2016 年的固定资产投资额占比为 41.63%；皖南地区由 2010 年的 33%快速上升至 2011 年的 41.31%，后又急剧下降至 2012 年的 33.26%，之后几年占比波动幅度大致不变（图 1－35）。总体来看，由于安徽省在 2011 年和 2015 年进行了县市的调整划分，不同区域县域在 2011 年前后和 2015 年出现波动，但不同区域县域的固定资产投资额及占比仍过重了。固定资产投资额过高将会加剧宏观经济失衡，因此，安徽省应保持固定资产投资的合理增长，不断调整投资结构，提升投资效率，加快经济发展方式转变，促进经济可持续发展。

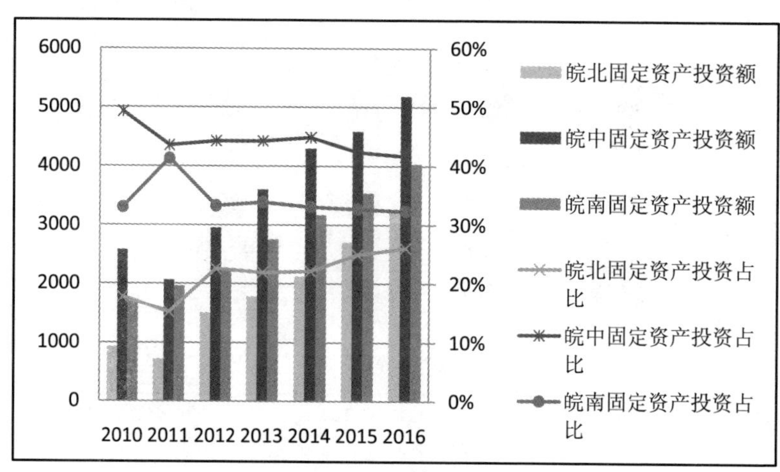

图 1－35　安徽不同区域固定资产投资额及占比情况

2010—2016 年，安徽省县域消费品零售总额增长率波动较大，从 2010 年的 17.12%下降到 2012 年的 13.62%，随后有所增长，在 2014 年达到 16.79%。但 2015 年又开始下降，2016 年的消费品零售额增长率只有 12.43%。从安徽省不同区域来看，皖北和皖南地区都呈现出先上升后下降、再上升后又下降的态势，皖南地区则是先下降后上升再下降的趋势。2014 年皖北、皖中和皖南三大区域增长率都达到了最高值，分别为 17.68%、16.46%和 16.83%（图 1-36）。但从增长率来看，安徽省县域的经济在持续增长，消费需求扩张的潜力是巨大的。

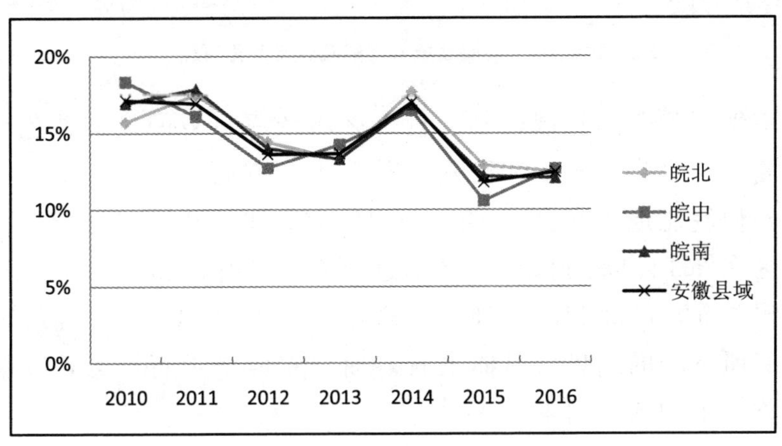

图 1-36　安徽省不同县域消费品零售额增长率

四、财政收支失衡凸显，矛盾突出

2010—2016 年，安徽县域人均财政收入和人均财政支出都在逐年增加，2016 年安徽县域人均财政收入为 1814.67 元，比上年增长 9.19%；人均财政支出为 4850.56 元，比上年增长 5.46%。从图 1-37 可以明显看出，虽然安徽县域的人均财政收支增速有所减缓，但是财政支出水平依旧远远高于财政收入水平，财政收支矛盾突出，难以实现财政收支平衡。

从安徽省不同区域县域人均财政收支占比来看，皖南地区的财政收支占比逐年有所下降，但一直高于皖北地区和皖中地区，主要原因

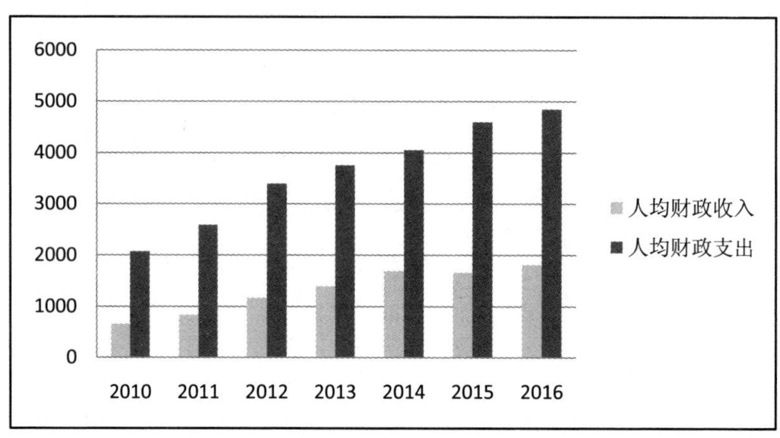

图 1-37 安徽县域人均财政收支变化情况

在于皖南地区覆盖的县域较多，且该区域依靠自身的发展特色获得的收入较高，税收收入较多。在人均财政收入方面，皖中和皖北都是缓中有升，但皖北地区在 2014 年达到最高值 19.56%后开始有所下降，皖中地区在 2014 年降到 25.20%后逐年有所上升（图 1-38）。在人均财政支出方面，皖北和皖中地区呈现出稳中有升的态势，而皖南地区呈现出有所下降的趋势。总体来看，面对着经济下行压力，安徽县域的财政收支不均衡（图 1-39）。

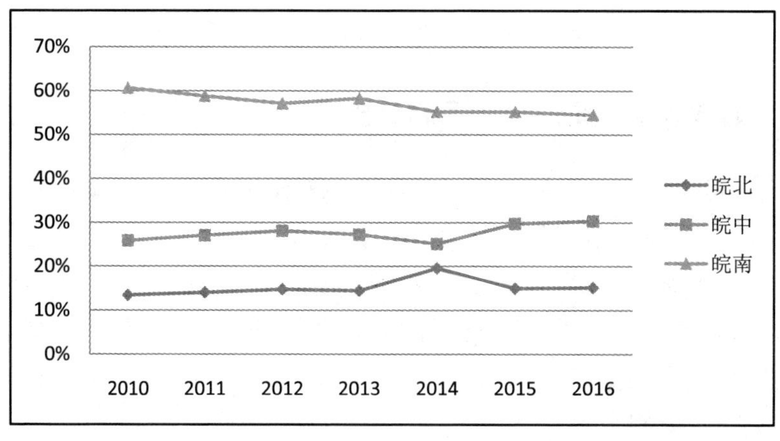

图 1-38 安徽省不同区域县域人均财政收入占比变化情况

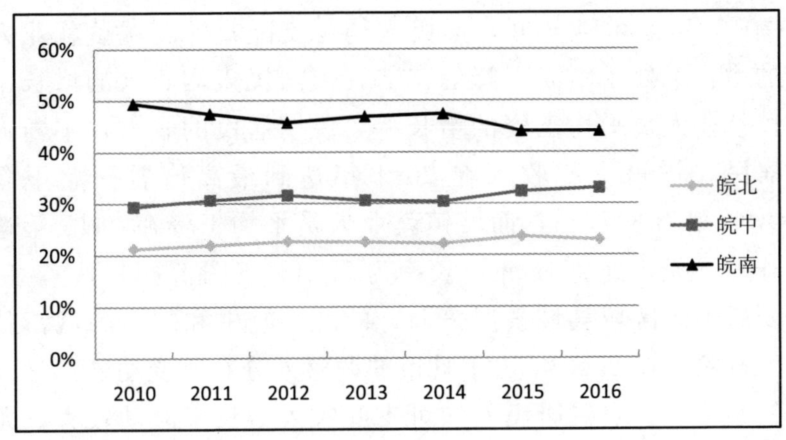

图 1-39　安徽省不同区域县域人均财政支出占比变化情况

五、城乡收入水平较低，差距较大

2010—2016 年，安徽县域农村居民人均可支配收入和城镇就业人员平均工资总量都在不断增加，2010 年农村居民人均可支配收入和城镇就业人员平均工资分别为 5692.16 元和 29609.05 元，2016 年农村居民人均可支配收入达 12297.70 元，城镇就业人员平均工资达 54477.36 元。从图 1-40 可以看出，安徽县域的城镇就业人员平均工资一直远远高于农村居民人均可支配收入，城乡收入差距的直接表现是贫富差距在拉大，地区之间的城乡收入差距也存在显著差异，城乡收入差距较大。

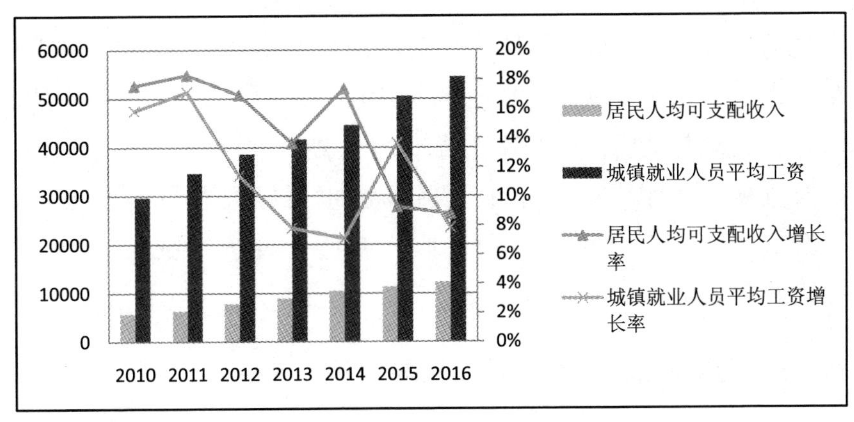

图 1-40　县域居民人均可支配收入和城镇就业人员平均工资变动情况

在 2010 年至 2014 年间，居民人均可支配收入与城镇就业人员平均工资的增长率处于不断下降的态势，但居民人均收入的增长率一直高于城镇就业人员平均工资的增长率，说明居民的收入在不断大幅增长中。居民人均可支配收入在 2014 年达到最高值后开始下降，到 2016 年增长率为 8.77%，而城镇就业人员平均工资在 2015 年达到最高值后开始下降，到 2016 年增长率为 7.84%（图 1－41）。

从安徽不同区域县域情况来看，皖北、皖中和皖南的城镇就业人员平均工资除了在 2015 年由于县市的调整划分有所变动外都呈现出不断下降的趋势。但农村居民人均可支配收入增长率波动较大，尤其是皖南地区。

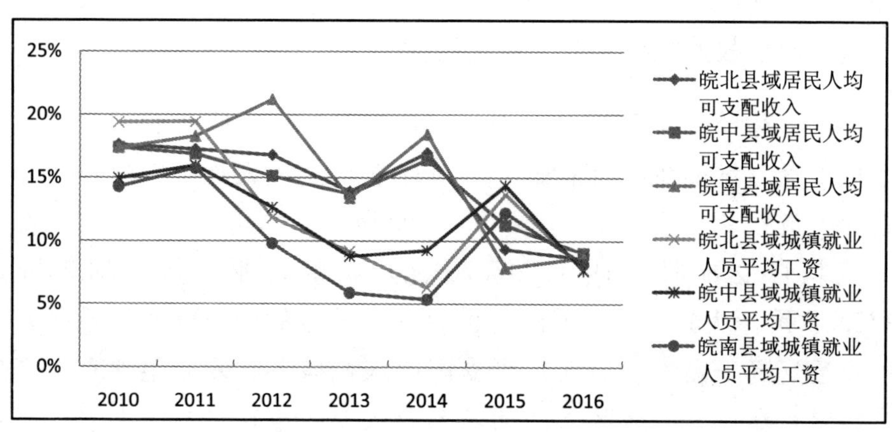

图 1－41 县域居民人均可支配收入和城镇就业人员平均工资变动情况

安徽县域较大的城乡差距，不仅在物质基础上有差距，最主要的是城乡间人口流动的限制使农村人均资源很难增长，造成严重的人才外流，并大大地限制了城乡间的劳动力流动，扩大了城乡收入差距。此外，农业现代化水平低和土地流转问题也会导致农村居民人均可支配收入偏低。因此，缩小城乡居民收入差距，要统筹城乡发展，更加注重加快农村发展。

六、县域城镇化水平低，有待提高

2010—2016 年，安徽县域户籍人口城镇化率增幅不大，虽然皖中和皖南地区的户籍人口城镇化率略高于安徽县域，但皖北地区的城镇化率一直处于较低水平（图 1-42）。这主要是由于皖北地区虽然人口众多，人口密度大，但人口集聚能力较弱，造成人口分散，影响城镇化进程。从 2015 年起，安徽县域常住人口城镇化率开始小幅增长，其中皖南地区增长较快，主要得益于皖南地区近年大力发展旅游经济，以旅游业推动城镇化发展。

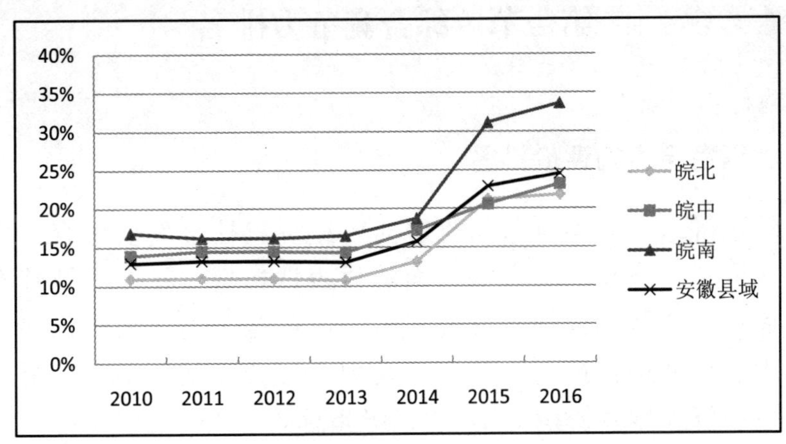

图 1-42　安徽不同区域县域城镇化率

总体来看，安徽县域目前的城镇化水平有待进一步提高，因此，安徽省应该把工业化与城镇化的发展相互结合起来，实现工业化与城镇化之间的协调发展，积极推进户籍制度改革，加快农村剩余劳动力的转移进程，让农村剩余劳动力得到充分利用，打破和革新城乡二元体制，让更多的农村剩余劳动力投入新型城镇的建设中来。

第二章 安徽县域经济竞争力排名

第一节 综合竞争力排名

一、综合竞争力评价排名

县域经济综合竞争力考查的是县域经济和社会发展综合实力，评价指标选取了经济和社会发展方面的代表性指标，具体涉及基本竞争力、发展速度、基础设施、资源禀赋、产业竞争力、人才优势、经济发展活力、环境保护能力、政府能动力、社会发展水平、投资环境优势、特色经济和城乡协调等 13 个二级指标，112 个三级指标。安徽县域经济综合竞争力排名（2017 届）见表 2－1 所列。

表 2－1 安徽县域经济综合竞争力排名（2017 届）

类型	县（市）	得分	排名
上游区域[①]	肥西县	0.9355	1
	肥东县	0.7712	2
	长丰县	0.7297	3
	天长市	0.5151	4
	太和县	0.4793	5
	宁国市	0.4554	6
	和　县	0.4365	7
	当涂县	0.3430	8
	怀远县	0.3373	9
	寿　县	0.3115	10

① 本书按照竞争力排名将安徽省 61 个县划分为上游区域、上中游区域、下中游区域、下游区域。其中，将 1～10 名划分为上游区域，11～30 名划分为上中游区域，31～51 名划分为下中游区域，52～61 名划分为下游区域。

（续表）

类型	县（市）	得分	排名
上中游区域	庐江县	0.2955	11
	颍上县	0.2183	12
	濉溪县	0.2158	13
	无为县	0.2075	14
	巢湖市	0.2058	15
	临泉县	0.2000	16
	萧　县	0.1747	17
	界首市	0.1487	18
	芜湖县	0.1310	19
	涡阳县	0.1224	20
	蒙城县	0.1113	21
	枞阳县	0.0837	22
	桐城市	0.0781	23
	定远县	0.0745	24
	含山县	0.0596	25
	广德县	0.0483	26
	砀山县	0.0053	27
	泗　县	−0.0259	28
	舒城县	−0.0304	29
	阜南县	−0.0393	30
下中游区域	五河县	−0.0415	31
	怀宁县	−0.0637	32
	全椒县	−0.0638	33
	利辛县	−0.0666	34
	固镇县	−0.0697	35
	凤阳县	−0.0741	36
	太湖县	−0.0910	37
	繁昌县	−0.1080	38
	东至县	−0.1119	39

（续表）

类型	县（市）	得分	排名
下中游区域	明光市	−0.1124	40
	岳西县	−0.1213	41
	灵璧县	−0.1280	42
	宿松县	−0.1299	43
	南陵县	−0.1380	44
	来安县	−0.1424	45
	潜山县	−0.1693	46
	凤台县	−0.1913	47
	金寨县	−0.2023	48
	郎溪县	−0.2398	49
	歙　县	−0.2456	50
	休宁县	−0.2476	51
下游区域	望江县	−0.2934	52
	泾　县	−0.3348	53
	青阳县	−0.3718	54
	霍邱县	−0.3903	55
	祁门县	−0.4284	56
	霍山县	−0.4406	57
	绩溪县	−0.4873	58
	黟　县	−0.5416	59
	石台县	−0.6004	60
	旌德县	−0.9016	61

安徽县域经济综合竞争力（2017届）排名前10位为：肥西县、肥东县、长丰县、天长市、太和县、宁国市、和县、当涂县、怀远县、寿县。上年的前10位为：肥西县、肥东县、无为县、繁昌县、天长市、太和县、芜湖县、怀远县、长丰县、临泉县。与上一年比较，不仅排名先后发生了变化，而且进入前10名的宁国、和县、当涂县和寿县代替了上年的无为县、繁昌县、芜湖县和临泉县。

安徽县域经济综合竞争力（2017 届）排名前 10 位的规模：总人口 916 万人，占全省县域总人口的 18.55%；地区生产总值 3170.08 亿元，占全省县域生产总值的 27.35%；地方财政收入 257 亿元，占全省县域财政收入的 28.72%；固定资产投资额为 3611.87 亿元，占全省县域社会固定资产投资额的 29.12%；社会零售商品总额为 913.86 亿元，占全省县域社会零售商品总额的 22.66%；人均地区生产总值 47056.83 元，比全省县域人均 GDP 的均值 32749.83 元高出了 14307 元；农民人均纯收入为 15011.3 元，高于全省县域农民人均纯收入 12308.92 元；GDP 发展速度指标均值为 9.57%，比全省县域 GDP 发展速度均值 8.54% 高 1.03 个百分点；第一产业占 GDP 比重为 17.13%，比全省县域相应值 18.18%低 1.05 个百分点；第二产业占 GDP 比重为 54.08%，比全省县域相应值 46.46%高 7.62 个百分点；第三产业占 GDP 比重为 28.78%，比全省县域相应值 30.09%低 1.31 个百分点；县内高速公路里程数为 786.6 千米，占全省县域高速公路里程数的 21.35%；县域平均森林储蓄量为 207.60 万立方米，比全省县域森林平均储蓄量 304.35 万立方米少 96.74 万立方米；平均专利申请量与授权量分别为 3176.56、1182.48 件，分别比全省县域相应值 1937.45、672.81 件高出 1239.12、509.67 件；出口总额均值为 32673.80 万美元，与全省县域出口总额平均值 12896.21 万美元相比，高出 19777.59 万美元；平均城市化率为 27.12%，比全省县域相应值 26.36%高出 0.76 个百分点；人均科教文卫事业支出平均 2704.86 元，比全省县域相应值 2351.33 元高 353.53 元；平均万元 GDP 能耗为 0.70 吨标准煤，比全省县域相应值 0.63 吨标准煤高 0.07 吨标准煤。虽然 10 强县的规模占全省县域规模的比重很大，且呈逐渐递增的趋势，但是在人均 GDP、第三产业产值占 GDP 的比重、出口额、城市化率等指标方面还有待提高。

二、综合竞争力排名空间分布

从图 2－1 可以看出安徽县域经济发展综合竞争力空间分布呈现“北强南弱中间凸起”的片状分布规律。依托皖中合肥经济圈、皖北沿淮城市群等具有大城市辐射带动县市的综合竞争力明显要强于缺乏大城市带动的皖南、皖中大别山区的县域。其中，皖中地区合肥周边分布着肥东县、长丰县、肥西县、天长市等综合竞争力排名前十的上游县市，而其余的处于合肥经济圈的县市的综合竞争力排名也主要集中在中上游区域；皖北地区也有太和县、怀远县等 2 个县市的经济发展综合竞争力排在前十位，并且皖北地区其他沿淮城市群的县域竞争力大部分都处于中上游区域；而与此形成鲜明对比的是综合竞争力排名下游的县市全部集中于皖南山区和皖中大别山区。

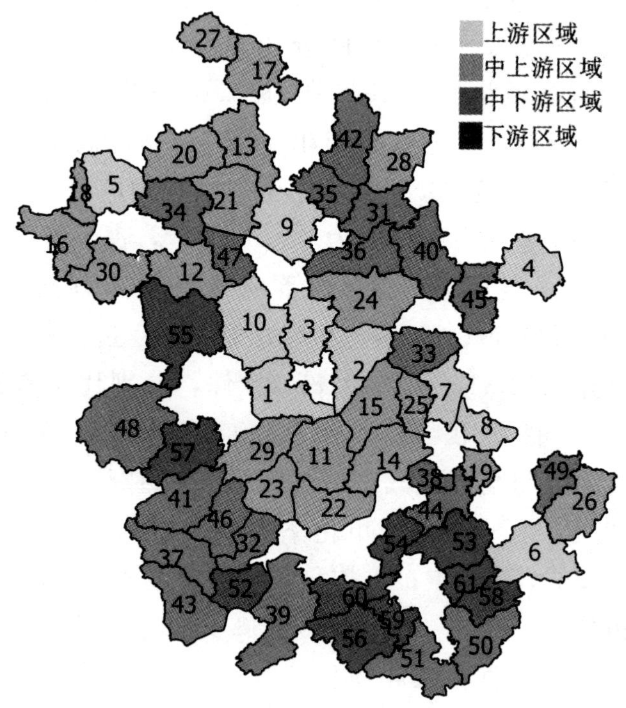

图 2-1 安徽县域综合竞争力排名空间分布①

① 图中对应的数字表示 2017 年安徽省县域综合竞争力排名位次。

第二节　基本竞争力排名

一、基本竞争力评价排名

县域经济基本竞争力主要考察县域经济基本指标完成情况，选取的评价指标包括县域经济总量、人均和增长速度三个方面共 27 个三级指标。安徽县域经济基本竞争力排名（2017 届）见表 2－2 所列。

表 2－2　安徽县域经济基本竞争力排名（2017 届）

类型	县（市）	得分	排名
上游区域	肥西县	1.7813	1
	肥东县	1.4679	2
	长丰县	1.1855	3
	天长市	0.7853	4
	当涂县	0.7804	5
	太和县	0.6979	6
	怀远县	0.6468	7
	和　县	0.5375	8
	无为县	0.5178	9
	宁国市	0.4458	10
上中游区域	庐江县	0.4171	11
	广德县	0.3046	12
	萧　县	0.3036	13
	涡阳县	0.2631	14
	芜湖县	0.2513	15
	蒙城县	0.2502	16
	利辛县	0.2391	17
	巢湖市	0.2341	18
	濉溪县	0.2212	19

（续表）

类型	县（市）	得分	排名
上中游区域	繁昌县	0.1929	20
	固镇县	0.1589	21
	定远县	0.1543	22
	临泉县	0.1486	23
	五河县	0.1463	24
	颍上县	0.1105	25
	南陵县	0.1097	26
	来安县	0.1069	27
	含山县	0.0892	28
	灵璧县	0.0390	29
	凤阳县	−0.0075	30
下中游区域	寿　县	−0.0127	31
	界首市	−0.0192	32
	全椒县	−0.0199	33
	桐城市	−0.0609	34
	泗　县	−0.0862	35
	郎溪县	−0.1437	36
	明光市	−0.1474	37
	舒城县	−0.1479	38
	阜南县	−0.1499	39
	怀宁县	−0.1939	40
	金寨县	−0.2909	41
	砀山县	−0.3581	42
	东至县	−0.3711	43
	凤台县	−0.3882	44
	枞阳县	−0.4285	45
	休宁县	−0.4468	46
	霍邱县	−0.4781	47
	歙　县	−0.4889	48
	太湖县	−0.4899	49
	泾　县	−0.5077	50
	望江县	−0.5214	51

（续表）

类型	县（市）	得分	排名
下游区域	宿松县	−0.5356	52
	青阳县	−0.5583	53
	岳西县	−0.5826	54
	潜山县	−0.6286	55
	祁门县	−0.6568	56
	绩溪县	−0.6626	57
	黟　县	−0.7161	58
	旌德县	−0.8085	59
	霍山县	−0.8216	60
	石台县	−0.8572	61

安徽县域经济基本竞争力（2017 届）排名前 10 位为：肥西县、肥东县、长丰县、天长市、当涂县、太和县、怀远县、和县、无为县、宁国市。而上一年的前 10 位是：肥西县、肥东县、天长市、繁昌县、宁国市、无为县、芜湖县、长丰县、当涂县、怀远县。与上一年相比，不仅排名情况发生了变化，而且新进入前 10 名的太和县、和县代替了上年的繁昌县、芜湖县。

安徽县域经济基本竞争力（2017 届）排名前 10 位县域的规模：人口为 898.2 万人，占全省县域总人口的 18.19%；地区生产总值为 3399.01 亿元，占全省县域生产总值的 29.33%；地方财政收入 4121.3 亿元，占全省县域财政收入的 31.34%；固定资产投资额为 3793.0 亿元，占全省县域固定资产投资完成额的 30.6%；社会零售商品总额为 934.9 亿元，占全省县域社会零售商品总额的 23.18%；人均 GDP 为 49272 元，比全省县域人均 GDP 32750 元高出了 16522 元；农民人均纯收入为 15622 元，比全省县域农民人均纯收入 12298 元高出了 3324 元；GDP 发展速度均值为 9.7%，比全省县域 GDP 发展速度均值 8.5%高 1.2 个百分点。由以上数据可以看出，考查县域经济总量、人均及速度方面的基本竞争力的前 10 强主要分布于安徽的中南部，南北经济发展差异较大，而且各县域的经济发展波动较大。

二、基本竞争力排名空间分布

从图2-2可以看出，安徽县域经济基本竞争力空间分布呈现“北强南弱”的片状分布规律。与综合竞争力相类似，依托皖中合肥经济圈、皖北沿淮城市群等具有大城市辐射带动的县（市）的基本竞争力明显要强于缺乏大城市带动的皖南、皖中大别山区的县域。其中，皖中合肥周边肥西县、肥东县、长丰县3个县市的基本竞争力位列竞争力排名前三位；皖北沿淮城市群中太和县、怀远县2个县市的基本竞争力排名前十位，且皖北其余县域的基本竞争力也都排在中上游区域；而中下游以及下游区域则主要集中在安徽省西南部，尤其是下游区域10个县市全部位于皖中大别山区和皖南山区。

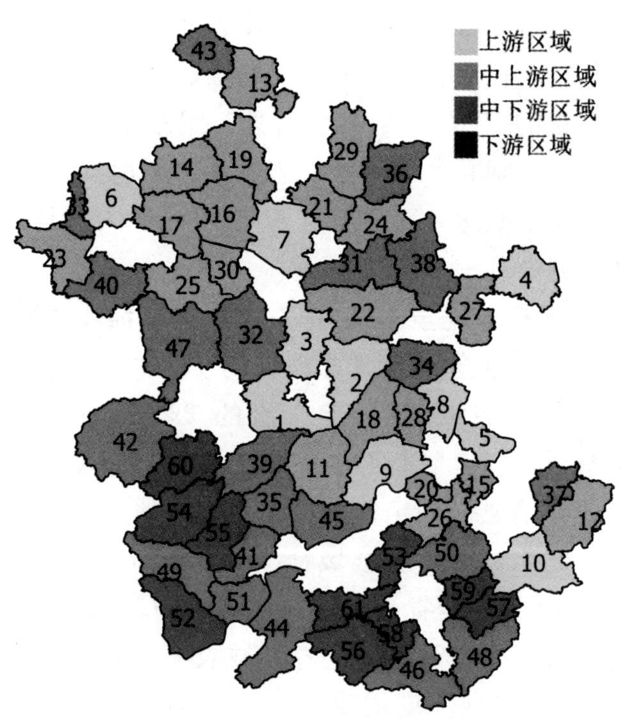

图2-2 安徽县域经济基本竞争力排名空间分布

第三节　发展速度竞争力排名

一、发展速度竞争力评价排名

县域经济发展速度竞争力主要考察县域经济发展的增速，选取的评价指标包括 GDP 增长率、财政收入增长率和固定资产投资增长率等 13 个三级指标。安徽县域经济发展速度竞争力排名（2017 届）见表 2-3所列。

表 2-3　安徽县域经发展速度竞争力排名（2017 届）

类型	县（市）	得分	排名
上游区域	和　县	0.9754	1
	长丰县	0.8682	2
	全椒县	0.7599	3
	枞阳县	0.7054	4
	界首市	0.6604	5
	肥东县	0.6592	6
	寿　县	0.6297	7
	定远县	0.5186	8
	当涂县	0.4904	9
	天长市	0.4411	10
上中游区域	黟　县	0.3401	11
	太和县	0.3385	12
	岳西县	0.3217	13
	太湖县	0.3073	14
	临泉县	0.2600	15
	明光市	0.2301	16
	石台县	0.2123	17
	舒城县	0.2060	18
	含山县	0.1802	19

（续表）

类型	县（市）	得分	排名
上中游区域	涡阳县	0.1625	20
	砀山县	0.1623	21
	蒙城县	0.1444	22
	来安县	0.1420	23
	祁门县	0.1342	24
	歙　县	0.1245	25
	芜湖县	0.1163	26
	肥西县	0.1116	27
	凤阳县	0.1092	28
	潜山县	0.0874	29
	萧　县	0.0576	30
下中游区域	休宁县	−0.0016	31
	泗　县	−0.0110	32
	濉溪县	−0.0170	33
	绩溪县	−0.0384	34
	怀宁县	−0.0596	35
	金寨县	−0.0605	36
	颍上县	−0.1081	37
	宁国市	−0.1334	38
	巢湖市	−0.1468	39
	怀远县	−0.1498	40
	桐城市	−0.1598	41
	五河县	−0.1692	42
	宿松县	−0.1973	43
	广德县	−0.1991	44
	庐江县	−0.2225	45
	南陵县	−0.2342	46
	固镇县	−0.2436	47
	望江县	−0.2785	48
	东至县	−0.2845	49
	郎溪县	−0.3125	50
	阜南县	−0.3310	51

（续表）

类型	县（市）	得分	排名
下游区域	泾　县	－0.3575	52
	繁昌县	－0.4030	53
	青阳县	－0.5024	54
	无为县	－0.5505	55
	旌德县	－0.6096	56
	利辛县	－0.7701	57
	凤台县	－0.8126	58
	灵璧县	－0.8328	59
	霍山县	－0.9535	60
	霍邱县	－1.3062	61

安徽县域经济发展速度竞争力排名（2017 届）前 10 位为：和县、长丰县、全椒县、枞阳县、界首市、肥东县、寿县、定远县、当涂县、天长市。上年前 10 位是：太和县、南陵县、无为县、明光市、芜湖县、繁昌县、当涂县、砀山县、太湖县、天长市。与上一年相比，不仅排名情况发生了变化，而且新进入前 10 名的和县、长丰县、全椒县、枞阳县、界首市、肥东县、寿县、定远县代替了上年的太和县、南陵县、无为县、明光市、芜湖县、繁昌县、砀山县、太湖县。

安徽县域经济发展速度竞争力排名（2017 届）前 10 位的规模：总人口为 742.55 万人，占全省县域总人口的 15.07％；地区生产总值为 2095.23 亿元，占全省县域生产总值的 19.43％；人均 GDP 为 33863.8 元，比全省县域人均 GDP 24819.50 元低 9044.3 元；GDP 发展速度均值为 8.75％，比全省县域 GDP 发展速度均值 7.86％高 0.89 个百分点；财政收入增长率均值为 15.07％，比全省县域相应均值 10.54％高 4.53 个百分点；固定资产投资增长率均值为 15.67％，比全省县域相应均值 16.57％低 0.9 个百分点；农民人均纯收入增长率均值为 9.53％，比全省县域相应均值 9.25％高 0.28 个百分点；实际利用外商直接投资增长率均值为 25.76％，比全省县域相应均值 16.00％高了 9.76％。

二、发展速度竞争力排名空间分布

从图 2－3 可以看出，安徽省县域经济发展速度竞争力空间分布呈现“中间强，南北弱”的分布规律。皖中的合肥、滁州、马鞍山周边县域经济发展速度竞争力较强，其中合肥周边分布着和县、长丰县、全椒县、肥东县、寿县、定远县等综合竞争力排名前十的县域；岳西县、太湖县、黟县、石台县等部分大别山、皖南山区县域的经济发展速度竞争力也相对较强，但其余的大别山、皖南地区县域大部分竞争力排名处于中下游和下游区域；皖北地区只有界首市的经济发展速度竞争力排名进入前十名的上游区域，太和县、临泉县、涡阳县、砀山县、蒙城县、萧县等县域进入中上游区域，其余县市排名相对靠后。

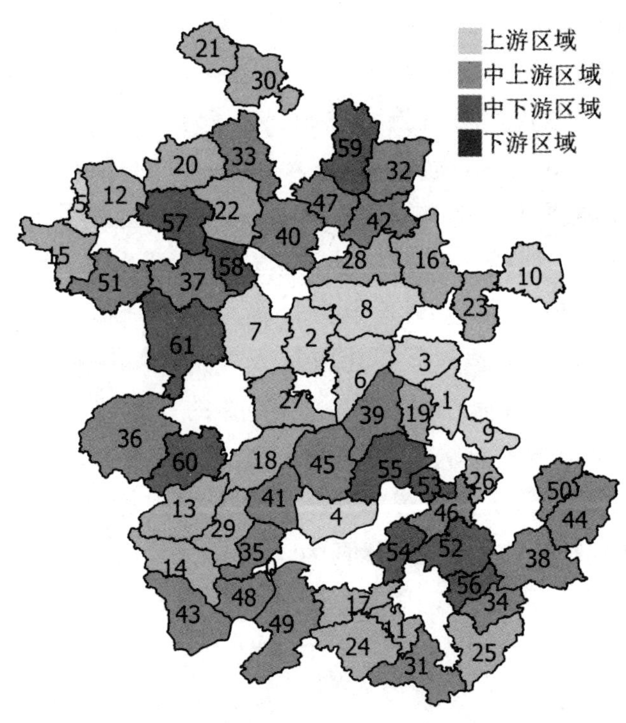

图 2－3　安徽县域经济发展速度竞争力排名空间分布

第四节　基础设施竞争力排名

一、基础设施竞争力评价排名

县域经济基础设施竞争力主要考察县域基础设施的完善程度，选取的评价指标包括交通、通信等方面的5个三级指标。安徽县域基础设施竞争力排名（2017届）见表2-4所列。

表2-4　安徽县域基础设施竞争力排名（2017届）

类型	县（市）	得分	排名
上游区域	芜湖县	2.4610	1
	萧　县	1.4411	2
	肥东县	0.9355	3
	肥西县	0.9239	4
	长丰县	0.7608	5
	霍邱县	0.6140	6
	颍上县	0.6021	7
	砀山县	0.5871	8
	东至县	0.5560	9
	凤阳县	0.5540	10
上中游区域	泗　县	0.5278	11
	太和县	0.4637	12
	定远县	0.4465	13
	岳西县	0.3473	14
	五河县	0.3391	15
	明光市	0.3204	16
	庐江县	0.3036	17
	濉溪县	0.2767	18
	凤台县	0.2477	19

（续表）

类型	县（市）	得分	排名
上中游区域	宁国市	0.2173	20
	巢湖市	0.1758	21
	怀远县	0.1273	22
	休宁县	0.1222	23
	怀宁县	0.0722	24
	天长市	0.0464	25
	灵璧县	0.0443	26
	金寨县	0.0388	27
	南陵县	0.0145	28
	蒙城县	−0.0118	29
	桐城市	−0.0200	30
下中游区域	临泉县	−0.0267	31
	利辛县	−0.0601	32
	无为县	−0.0878	33
	涡阳县	−0.1435	34
	歙　县	−0.1837	35
	潜山县	−0.1852	36
	霍山县	−0.1999	37
	寿　县	−0.2289	38
	当涂县	−0.2735	39
	来安县	−0.3114	40
	舒城县	−0.3309	41
	含山县	−0.3555	42
	枞阳县	−0.3827	43
	和　县	−0.4040	44
	全椒县	−0.4201	45
	青阳县	−0.4238	46
	阜南县	−0.4360	47
	祁门县	−0.4517	48
	宿松县	−0.4542	49
	太湖县	−0.4702	50
	广德县	−0.4801	51

（续表）

类型	县（市）	得分	排名
下游区域	界首市	−0.5295	52
	绩溪县	−0.5586	53
	郎溪县	−0.5905	54
	繁昌县	−0.5971	55
	泾　县	−0.6010	56
	望江县	−0.6699	57
	固镇县	−0.7253	58
	旌德县	−0.8440	59
	黟　县	−1.0439	60
	石台县	−1.0655	61

安徽县域基础设施竞争力排名（2017 届）前 10 位为：芜湖县、萧县、肥东县、肥西县、长丰县、霍邱县、颍上县、砀山县、东至县、凤阳县。上一年的前 10 位是：芜湖县、肥西县、肥东县、砀山县、萧县、长丰县、铜陵县、天长市、岳西县、南陵县。与上一年相比，不仅排名情况发生了变化，而且新进入前 10 名的霍邱县、颍上县、东至县、凤阳县代替了上年的铜陵县、天长市、岳西县、南陵县。

安徽县域基础设施竞争力排名（2017 届）前 10 位的规模：总人口为 1012.16 万人，占全省县域人口的 20.49%；地区生产总值为 2918.70 亿元，占全省县域地区生产总值的 25.19%；人均 GDP 为 40610.8 元，比全省县域人均 GDP 32749.8 元高 7861 元；GDP 发展速度均值为 8.32%，比全省县域 GDP 发展速度均值 8.5%低 0.18 个百分点；财政收入增长率均值为 15.82%，比全省县域相应均值 11.6%高 4.22 个百分点；财政支出增长率均值为 6.7%，比全省县域相应均值 6.8%低 0.1 个百分点；固定资产投资增长率均值为 15.1%，比全省县域相应均值 16.2%低 11 个百分点；农民人均纯收入为 13223.8 元，比全省县域相应均值 12297.7 元高 926.1 元；县内高速公路里程数平均为 85.17 千米，比全省县域相应均值 60.4 千米高出 24.73 千米；县内国道公路数平均为 59.9 千米，比全省 61 个县域相应均值 33.6 千米多出 26.3 千米。由以上数据可以看出，加强基础设施的投入对促进经济增长具有重要意义。

二、基础设施竞争力排名空间分布

从图 2－4 可以看出，安徽县域基础设施竞争力空间分布呈现“北强南弱中部凸起”的分布规律。皖北地区的萧县、颍上县、砀山县排名进入前十，其余县域基础设施竞争力大部分处于中游区域；皖中地区县域的基础设施竞争力较强，整个区域没有县域处于下游区域，并且肥东县、肥西县、长丰县、霍邱县、凤阳县等县域竞争力排名进入前十位，属于上游区域，其余县域竞争力也都处于中游区域。而皖南地区的基础设施竞争力相对较弱，全省十个下游区域中有八个县域处于该区域，并且只有芜湖县和东至县两个县域的基础设施竞争力排序进入前十。

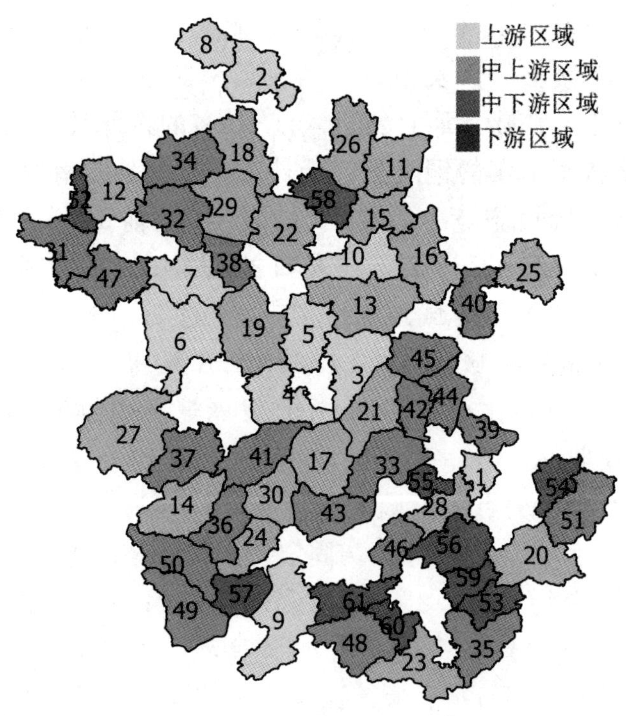

图 2－4 安徽县域基础设施竞争力排名空间分布

第五节　资源禀赋竞争力排名

一、资源禀赋竞争力评价排名

县域资源禀赋竞争力主要考查的县域人口规模、资源规模与城市区位状况，共选取 7 个三级指标。其中距中心城市距离指标是逆指标，因此在数据标准化时，标准化公式为 $X'_{ij}=\frac{\overline{X_i}-X_{ij}}{s}$，其中 X'_{ij} 表示标准化后数值，$\overline{X_i}$ 表示各指标的原始数值的均值，X_{ij} 表示原始指标值，s 表示各指标原始数值的标准差。安徽县域资源禀赋竞争力排名（2017 届）见表 2－5 所列。

表 2－5　安徽县域资源禀赋竞争力排名（2017 届）

类型	县（市）	得分	排名
上游区域	祁门县	1.8848	1
	东至县	1.7216	2
	金寨县	1.4399	3
	休宁县	1.4099	4
	歙　县	1.0240	5
	石台县	0.8689	6
	宁国市	0.7787	7
	霍邱县	0.7700	8
	岳西县	0.6528	9
	泾　县	0.6283	10
上中游区域	黟　县	0.5241	11
	宿松县	0.4926	12
	定远县	0.4574	13
	广德县	0.4417	14
	霍山县	0.3245	15
	太湖县	0.2310	16
	明光市	0.2297	17
	寿　县	0.1654	18
	青阳县	0.1094	19

（续表）

类型	县（市）	得分	排名
上中游区域	绩溪县	0.1013	20
	旌德县	0.0874	21
	舒城县	0.0712	22
	潜山县	−0.0211	23
	肥东县	−0.0921	24
	长丰县	−0.1065	25
	全椒县	−0.1163	26
	郎溪县	−0.1181	27
	庐江县	−0.1196	28
	凤阳县	−0.1381	29
	怀远县	−0.1415	30
下中游区域	灵璧县	−0.1640	31
	泗　县	−0.1901	32
	来安县	−0.2029	33
	望江县	−0.2061	34
	巢湖市	−0.2137	35
	天长市	−0.2143	36
	桐城市	−0.2312	37
	蒙城县	−0.2580	38
	怀宁县	−0.2801	39
	枞阳县	−0.2936	40
	濉溪县	−0.3139	41
	无为县	−0.3330	42
	肥西县	−0.3510	43
	南陵县	−0.3523	44
	固镇县	−0.3563	45
	五河县	−0.3603	46
	涡阳县	−0.3707	47
	和　县	−0.3719	48
	利辛县	−0.4126	49
	萧　县	−0.4813	50
	含山县	−0.5119	51

（续表）

类型	县（市）	得分	排名
下游区域	颍上县	−0.5351	52
	阜南县	−0.5429	53
	太和县	−0.6125	54
	当涂县	−0.6340	55
	芜湖县	−0.6793	56
	临泉县	−0.7345	57
	繁昌县	−0.7855	58
	砀山县	−0.7987	59
	凤台县	−0.8436	60
	界首市	−0.9259	61

安徽县域资源禀赋竞争力排名（2017 届）前 10 位为：祁门县、东至县、金寨县、休宁县、歙县、石台县、宁国市、霍邱县、岳西县、泾县。而上年的前 10 位是：霍邱县、定远县、寿县、肥东县、明光市、怀远县、金寨县、庐江县、长丰县、东至县。与上一年比较，整体排名变化较大，而且进入前 10 名的祁门县、休宁县、歙县、石台县、宁国市、岳西县和泾县代替了上年的定远县、寿县、肥东县、明光市、怀远县、庐江县和长丰县。

安徽县域资源禀赋竞争力排名（2017 届）前 10 位的规模：总人口为 505.6 万人，占全省县域总人口的 10.24%；地区生产总值 1185.7 亿元，占全省县域生产总值的 10.23%；人均 GDP 为 31469.26 元，比全省县域人均 GDP 32749.83 元低 1280.57 元；GDP 发展速度均值为 7.35%，比全省县域 GDP 发展速度均值 8.54%低 1.19 个百分点；农民纯收入均值为 11459.3 元，比全省县域相应均值 12308.92 元低 849.62 元；县域国土面积均值为 2517.72 平方千米，比全省县域相应均值 1821.22 平方千米高出 696.50 平方千米；人均耕地面积平均为 0.1247 公顷，比全省县域相应均值 0.1122 公顷高 0.0125 公顷；距中心城市距离平均为 184 公里，比全省县域相应均值 157.44 公里高 26.56 公里；森林蓄积量平均为 752.99 万立方米，比全省县域相应均值 304.35 万立方米高 448.64 万立方米。

由以上数据可以看出，县域资源禀赋竞争力前 10 强的相关指标中，虽然人均耕地面积比全省对应均值高 0.0125 公顷，但其农民纯收入比全省县域均值低，这说明耕地面积的扩大并不能直接增加农民纯收入。此外，全省 61 个县域的森林蓄积量存在极大差异，最多的是祁门县为 1049.81 万立方米，最少的繁昌县为 45.79 万立方米。考虑到森林对发展工农业生产、发展旅游休闲事业及构建良好生态环境的重要性，应进一步加大植树造林的力度。

二、资源禀赋竞争力排名空间分布

从图 2-5 可以看出，安徽县域资源禀赋竞争力空间分布呈现“北弱南强”片状分布规律。资源禀赋竞争力排名前十名的上游区域县域主要集中在皖南区域和皖中区域的大别山区，其中在皖南黄山市周围分布着祁门县、东至县、休宁县、歙县、石台县、泾县、宁国市 7 个

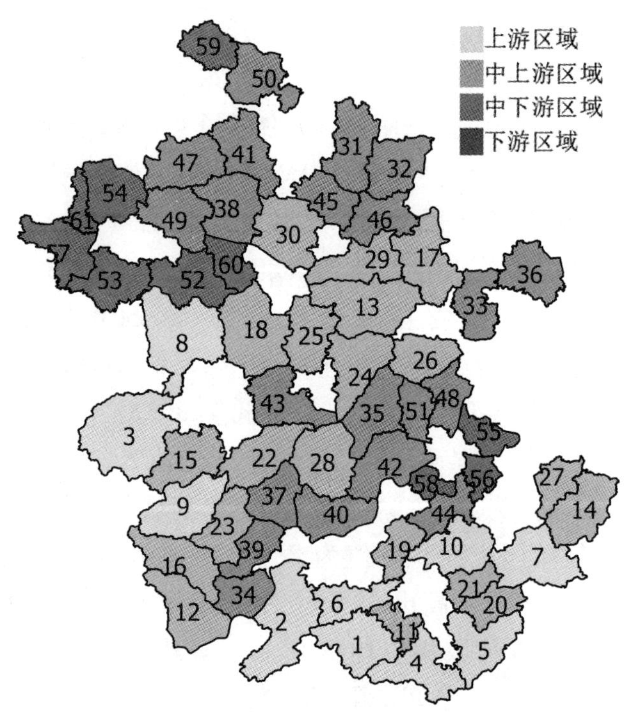

图 2-5　安徽县域资源禀赋竞争力排名空间分布

资源禀赋竞争力排名前十的县域，在皖中六安市周围分布着金寨县、霍邱县、岳西县3个资源禀赋竞争力排名前十的县域。与此形成鲜明对比的是资源禀赋竞争力排名下游的县（市）主要集中在皖北区域，有7个县域竞争力排名处于下游区域，并且大部分皖北县域的资源禀赋竞争力都排在30名之后。

第六节　产业竞争力排名

一、产业竞争力评价排名

县域产业竞争力主要考查的是县域产业规模、产业贡献和产业结构状况，选取的评价指标包括产业规模、产业贡献和产业结构方面共15个三级指标。安徽县域产业竞争力排名（2017届）见表2-6所列。

表2-6　安徽县域产业竞争力排名（2017届）

类型	县（市）	得分	排名
上游区域	肥东县	1.3482	1
	肥西县	1.2375	2
	长丰县	1.0298	3
	怀远县	0.8304	4
	固镇县	0.7634	5
	界首市	0.7109	6
	当涂县	0.6599	7
	太和县	0.5442	8
	五河县	0.5249	9
	繁昌县	0.4420	10
上中游区域	颍上县	0.4131	11
	无为县	0.4057	12
	临泉县	0.4015	13
	萧　县	0.3912	14
	芜湖县	0.3801	15
	宁国市	0.3358	16

（续表）

类型	县（市）	得分	排名
上中游区域	桐城市	0.3340	17
	濉溪县	0.3031	18
	砀山县	0.2967	19
	庐江县	0.2844	20
	和　县	0.2628	21
	泗　县	0.1960	22
	含山县	0.1674	23
	南陵县	0.1651	24
	天长市	0.1433	25
	灵璧县	0.1014	26
	巢湖市	0.0944	27
	蒙城县	0.0789	28
	涡阳县	0.0788	29
	怀宁县	0.0684	30
下中游区域	枞阳县	0.0272	31
	郎溪县	−0.0248	32
	岳西县	−0.0311	33
	舒城县	−0.0415	34
	广德县	−0.0522	35
	望江县	−0.0711	36
	太湖县	−0.0759	37
	霍山县	−0.0800	38
	宿松县	−0.1019	39
	阜南县	−0.1073	40
	利辛县	−0.1943	41
	定远县	−0.2068	42
	潜山县	−0.2320	43
	寿　县	−0.2450	44
	凤阳县	−0.3478	45
	东至县	−0.3825	46
	青阳县	−0.3829	47
	泾　县	−0.3935	48
	来安县	−0.4026	49
	全椒县	−0.4626	50
	休宁县	−0.5162	51

（续表）

类型	县（市）	得分	排名
下游区域	明光市	−0.5517	52
	金寨县	−0.6143	53
	凤台县	−0.6914	54
	绩溪县	−0.8559	55
	黟　县	−0.8761	56
	旌德县	−0.9017	57
	歙　县	−0.9175	58
	霍邱县	−0.9591	59
	石台县	−1.1122	60
	祁门县	−1.1884	61

安徽县域产业竞争力排名（2017 届）前 10 位为：肥东县、肥西县、长丰县、怀远县、固镇县、界首市、当涂县、太和县、五河县、繁昌县。而上年的前 10 位是：肥西县、肥东县、天长市、怀远县、长丰县、繁昌县、濉溪县、固镇县、界首市、太和县。与上年相比，排名顺次有所变化，并且当涂县和五河县代替了上年的天长市和濉溪县。

安徽县域产业竞争力排名（2017 届）前 10 位的规模：总人口为 1161.4 万人，占全省县域总人口的 23.52％，地区生产总值为 3180.11 亿元，占全省县域生产总值的 27.44％；人均 GDP 为 36591.83 元，比全省县域人均 GDP 32749.83 元高 3842 元；GDP 发展速度均值为 9.14％，比全省县域 GDP 发展速度均值 8.54％高 0.60 个百分点；农民人均纯收入为 13650.1 元，比全省县域相应均值 12308.92 元高 1341.18 元；第一产业占 GDP 比重为 17.13％，比全省县域相应值 18.18％低 1.05 个百分点；第二产业占 GDP 比重为 54.08％，比全省县域相应值 46.46％高 7.62 个百分点；第三产业占 GDP 比重为 28.78％，比全省县域相应值 30.09％低 1.31 个百分点；工业总产值增加值占 GDP 比重为 17.94％，比全省县域相应值 1.09％高 16.85 个百分点。由以上数据可以看出，县域产业竞争力前 10 位的三次产业比重平均为 17.13∶54.08∶28.78，第二产业的比重比全省平均水平高 7.62％，但第三产业的比重比全省平均水平低了 6.57％。虽然产业结构有所优化，但三次产业的结构性偏差仍然存在，第二产业的比重仍然过高，安徽省仍处于“二三一”产业发展模式，产业结构有待优化升级。

二、产业竞争力排名空间分布

从图2-6可以看出，安徽县域经济发展产业竞争力空间分布呈现“北强南弱”的片状分布规律。皖北地区、皖江城市带等地区县域的产业竞争力相对较强，而皖中地区的大别山区和皖南地区的县域产业竞争力相对较弱。其中，皖北地区的怀远县、固镇县、界首市、太和县、五河县等五个县市排名处于上游区域，并且其余大部分皖北地区县域也都处在中上游区域；皖江城市带的肥东县、长丰县、肥西县位于产业竞争力排名前三位；而与此形成鲜明对比的是皖中地区的大别山区和皖南地区的县域产业竞争力排名都比较靠后，其中处于下游地区的10个县市中就有8个处在该区域，并且该区域其余县域产业竞争力排名大部分都位于中下游区域。

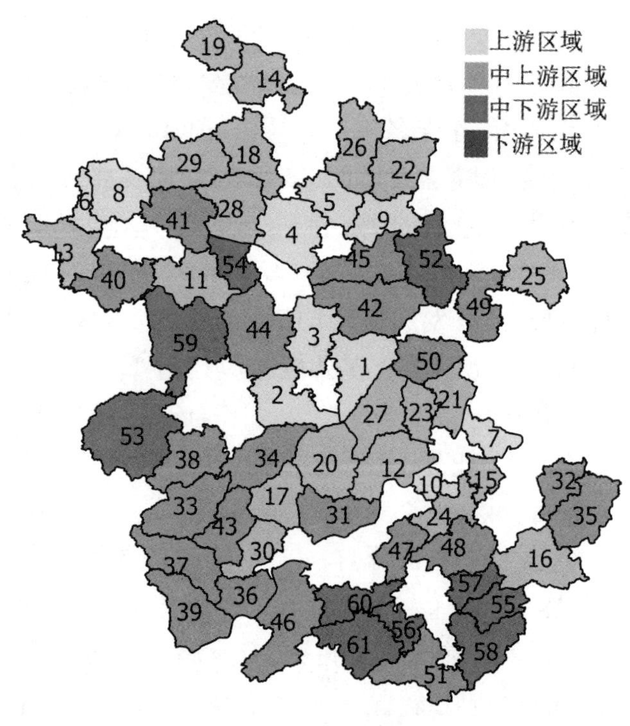

图2-6 安徽县域产业竞争力排名空间分布

第七节 人才优势竞争力排名

一、人才优势竞争力评价排名

县域人才优势竞争力主要考查县域人才培养、科技成果与专利等方面情况，评价指标共包括7个三级指标。安徽县域人才优势竞争力排名（2017届）见表2-7所列。

表2-7 安徽县域人才优势竞争力排名（2017届）

类型	县（市）	得分	排名
上游区域	庐江县	2.4579	1
	无为县	2.1548	2
	肥东县	1.7521	3
	巢湖市	1.4200	4
	长丰县	1.3449	5
	肥西县	1.2531	6
	怀远县	0.7963	7
	临泉县	0.6783	8
	太和县	0.6460	9
	霍邱县	0.5892	10
上中游区域	南陵县	0.4507	11
	颍上县	0.4283	12
	利辛县	0.4142	13
	寿　县	0.3915	14
	蒙城县	0.3776	15
	涡阳县	0.3455	16
	阜南县	0.3378	17
	萧　县	0.3023	18
	濉溪县	0.2207	19

（续表）

类型	县（市）	得分	排名
上中游区域	定远县	0.1872	20
	宿松县	0.1589	21
	桐城市	0.1232	22
	凤台县	0.1223	23
	灵璧县	0.0720	24
	枞阳县	0.0547	25
	和　县	0.0132	26
	舒城县	−0.0251	27
	天长市	−0.0372	28
	凤阳县	−0.0420	29
	砀山县	−0.1709	30
下中游区域	怀宁县	−0.1798	31
	太湖县	−0.2071	32
	当涂县	−0.2090	33
	望江县	−0.2188	34
	潜山县	−0.2277	35
	五河县	−0.2452	36
	明光市	−0.2624	37
	泗　县	−0.2951	38
	固镇县	−0.3078	39
	宁国市	−0.3145	40
	含山县	−0.3182	41
	广德县	−0.3376	42
	界首市	−0.3459	43
	芜湖县	−0.3648	44
	金寨县	−0.3943	45
	来安县	−0.4401	46
	东至县	−0.4429	47
	全椒县	−0.4636	48
	繁昌县	−0.4665	49
	岳西县	−0.5823	50
	霍山县	−0.6281	51

（续表）

类型	县（市）	得分	排名
下游区域	歙　县	－0.6449	52
	郎溪县	－0.7439	53
	泾　县	－0.7659	54
	青阳县	－0.7838	55
	休宁县	－0.9306	56
	绩溪县	－1.0701	57
	祁门县	－1.0775	58
	旌德县	－1.1286	59
	石台县	－1.1798	60
	黟　县	－1.2402	61

安徽县域人才优势竞争力排名（2017 届）前 10 位为：庐江县、无为县、肥东县、巢湖市、长丰县、肥西县、怀远县、临泉县、太和县、霍邱县。而上一年是：无为县、庐江县、肥西县、肥东县、巢湖市、怀远县、长丰县、霍邱县、南陵县、濉溪县。与上一年相比，波动比较小，进入前 10 名的只有临泉县和太和县，代替了上年的南陵县和濉溪县。

安徽县域人才优势竞争力排名（2017 届）前 10 位的规模：总人口为 1290.6 万人，占全省县域总人口的 26.13%；地区生产总值为 3303.6 亿元，占全省县域生产总值的 28.51%；人均 GDP 为 36992.87 元，比全省县域人均 GDP 32749.83 元高 4243.04 元；GDP 发展速度均值为 8.44%，比全省县域 GDP 发展速度均值 8.54%低 0.10 个百分点；农民纯收入均值为 14131.3 元，比全省县域相应均值 12308.92 元高 1822.38 元。专利申请量均值为 5007.68 件，比全省县域相应均值 1937.45 件多 3070.22 件；高中阶段在校人数均值为 28928.18 人，比全省县域相应均值 18147.54 人多 10780.64 人；专利授权量均值为 1811.91 件，比全省县域相应均值 672.81 件多 1139.10 件；而人均科教文卫事业费财政支出均值为 2226.28 元，比全省县域相应均值 2351.33 元低 125.05 元。由以上数据可以看出，县域人才优势竞争力前 10 位的专利申请量、专利授权量、高中阶段在校人数都比全省平均水平高，说明这些地区人才优势明显，但经济水平低于全省县域的水平，人力资源有待进一步开发利用。

二、人才优势竞争力排名空间分布

从图 2－7 可以看出，安徽县域人才优势竞争力排名空间分布呈现“北强南弱，中部凸起”的片状分布规律。皖北地区大部分县域的人才优势竞争力排名在前二十名以内，其中怀远县、临泉县、太和县进入前十名的上游区域。皖中地区大别山区和皖中东部各县域的人才优势竞争力相对较弱，排名大部分都位于三十名之后，而合肥周边各县域的人才优势竞争力较强，其中庐江县、无为县、肥东县、巢湖市、长丰县、肥西县等县域排在前十名的上游区域。而与此形成明显对比的是皖南地区的各县域人才优势竞争力非常弱，全省排名靠后的十个下游区域都位于皖南地区，并且剩下的皖南地区县域的人才优势竞争力排名也比较靠后。

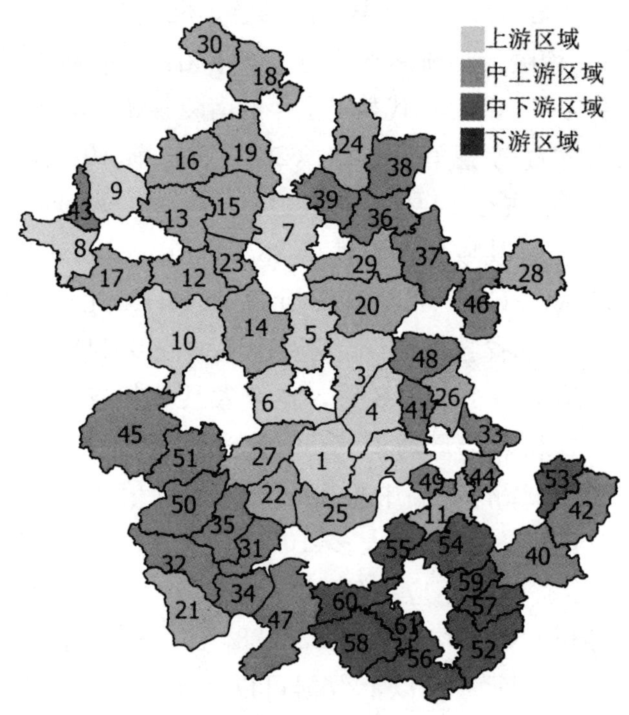

图 2－7 安徽县域人才优势竞争力排名空间分布

第八节　发展活力竞争力排名

一、发展活力竞争力评价排名

县域经济发展活力主要考察县域经济中民营经济、新型产业与利用省内外资金等方面情况，评价指标包括居民储蓄存款余额、进出口总额和实际利用外资等 7 个三级指标。安徽县域经济发展活力竞争力排名（2017 届）见表 2－8 所列。

表 2－8　安徽县域经济发展活力竞争力排名（2017 届）

类型	县（市）	得分	排名
上游区域	肥西县	2.2631	1
	天长市	1.9814	2
	和　县	0.8804	3
	巢湖市	0.8405	4
	宁国市	0.7810	5
	长丰县	0.7652	6
	濉溪县	0.6493	7
	肥东县	0.6366	8
	太和县	0.5901	9
	广德县	0.5204	10
上中游区域	枞阳县	0.4903	11
	芜湖县	0.3829	12
	蒙城县	0.3760	13
	寿　县	0.3590	14
	当涂县	0.3280	15
	全椒县	0.2745	16
	涡阳县	0.2511	17
	舒城县	0.2293	18
	阜南县	0.2292	19

（续表）

类型	县（市）	得分	排名
上中游区域	颍上县	0.2029	20
	桐城市	0.1681	21
	定远县	0.1197	22
	临泉县	0.1182	23
	潜山县	0.0289	24
	歙　县	0.0197	25
	砀山县	0.0065	26
	岳西县	—0.0121	27
	来安县	—0.0167	28
	含山县	—0.0407	29
	太湖县	—0.0506	30
下中游区域	庐江县	—0.0625	31
	怀宁县	—0.1021	32
	明光市	—0.1138	33
	宿松县	—0.1551	34
	凤阳县	—0.1951	35
	黟　县	—0.2093	36
	界首市	—0.2475	37
	无为县	—0.2735	38
	东至县	—0.2966	39
	怀远县	—0.3149	40
	利辛县	—0.3166	41
	休宁县	—0.3385	42
	泗　县	—0.3819	43
	金寨县	—0.3827	44
	祁门县	—0.3846	45
	南陵县	—0.4347	46
	霍山县	—0.4397	47
	望江县	—0.4746	48
	繁昌县	—0.4830	49
	五河县	—0.4831	50
	青阳县	—0.4904	51

（续表）

类型	县（市）	得分	排名
下游区域	固镇县	－0.4962	52
	郎溪县	－0.5153	53
	绩溪县	－0.5467	54
	霍邱县	－0.5583	55
	石台县	－0.6220	56
	泾　县	－0.6370	57
	萧　县	－0.6775	58
	凤台县	－0.8028	59
	灵璧县	－0.9142	60
	旌德县	－1.0224	61

安徽县域经济发展活力竞争力排名（2017 届）前 10 位为：肥西县、天长市、和县、巢湖市、宁国市、长丰县、濉溪县、肥东县、太和县、广德县。而上一年前 10 位的是：肥西县、繁昌县、宁国市、天长市、无为县、当涂县、芜湖县、广德县、南陵县、太和县。与上年相比排名发生了一定变换，新进入前十名的和县、巢湖市、长丰县、濉溪县、肥东县代替了上年的繁昌县、无为县、当涂县、芜湖县、南陵县。

安徽县域经济发展活力竞争力排名（2017 届）前 10 位的规模：总人口为 846.12 万人，占全省县域总人口的 17.13％；地区财政收入为 401.64 亿元，占全省县域财政收入的 30.54％；人均 GDP 为 46902 元，比全省县域人均 GDP 32749 元高 14513 元；GDP 发展速度均值为 9.38％，比全省县域 GDP 发展速度均值 8.52％高 0.86 个百分点；农民人均纯收入为 15052 元，比全省县域相应均值 12308 元高 2474 元；进出口总额增长率均值为 0.94％，比全省县域相应均值－6.34％高 7.28 个百分点；出口总额增长率均值为 5.58％，比全省县域相应均值－4.70％高 10.28 个百分点；人均居民储蓄为 28750 元，比全省县域相应平均值 28104 元高 646 元；居民储蓄存款余额均值为 208 亿元，比全省县域相应均值 164 亿元高 44 亿元。由以上数据可以看出，县域经济发展活力竞争力前10位的出口总额增长率、人均GDP和农民人均纯收入相应存款储蓄额都比全省平均水平高。

二、发展活力竞争力排名空间分布

从图2-8可以看出，安徽县域经济发展活力竞争力排名空间分布呈现“中间强、南北弱”的片状分布规律。皖中地区县域经济发展活力竞争力较强，其中肥西县、和县、长丰县和肥东县排名位于前十名，其余大部分县域排在三十名之内。而皖北地区只有濉溪县、太和县排名为第7名、第9名，皖南地区也只有宁国市、广德县排名为第5名、第10名，处于上游区域，其余县域排名大部分经济发展活力竞争力排名靠后，其中排名后十名的县域中有九个处在皖南和皖北这两个区域。

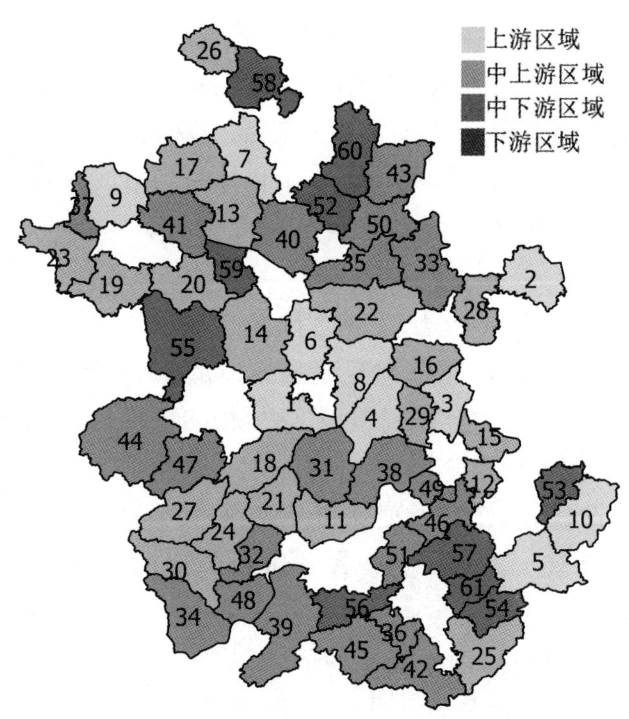

图2-8 安徽县域经济发展活力竞争力排名空间分布

第九节　环境保护能力竞争力排名

一、环境保护能力竞争力评价排名

县域环境保护能力竞争力主要考查县域社会经济发展中 GDP 能耗、污染排放与处理、环境容量等方面情况，评价指标共包括 10 个三级指标。其中万元 GDP 能耗、万元 GDP 废水排放量、万元 GDP 固体废物产生量、可吸入颗粒物是逆指标，因此在数据标准化时，标准化公式为 $X'_{ij}=\frac{\overline{X_i}-X_{ij}}{s}$，其中 X'_{ij} 表示标准化后数值，$\overline{X_i}$ 表示各指标的原始数值的均值，X_{ij} 表示原始指标值，s 表示各指标原始数值的标准差。安徽县域环境保护能力竞争力排名（2017 届）见表 2－9 所列。

表 2－9　安徽县域环境保护能力竞争力排名（2017 届）

类型	县（市）	得分	排名
上游区域	和　县	1.2923	1
	含山县	1.2597	2
	当涂县	1.2568	3
	寿　县	1.1807	4
	濉溪县	1.1128	5
	凤台县	0.9436	6
	枞阳县	0.8367	7
	怀远县	0.2581	8
	蒙城县	0.2402	9
	涡阳县	0.2393	10
上中游区域	利辛县	0.2366	11
	岳西县	0.2179	12
	宿松县	0.2178	13
	太湖县	0.1958	14
	五河县	0.1948	15
	固镇县	0.1893	16
	灵璧县	0.1786	17
	潜山县	0.1724	18
	泗　县	0.1704	19

（续表）

类型	县（市）	得分	排名
上中游区域	萧　县	0.1702	20
	桐城市	0.1629	21
	界首市	0.1622	22
	怀宁县	0.1504	23
	砀山县	0.1498	24
	望江县	0.1497	25
	太和县	0.1392	26
	颍上县	0.1388	27
	临泉县	0.1379	28
	阜南县	0.1362	29
	无为县	0.0751	30
下中游区域	南陵县	0.0067	31
	天长市	−0.0009	32
	定远县	−0.0281	33
	芜湖县	−0.0480	34
	繁昌县	−0.0540	35
	明光市	−0.0558	36
	凤阳县	−0.0563	37
	全椒县	−0.0666	38
	来安县	−0.0684	39
	庐江县	−0.1367	40
	肥东县	−0.1542	41
	东至县	−0.1550	42
	石台县	−0.1869	43
	青阳县	−0.1907	44
	长丰县	−0.2004	45
	肥西县	−0.2189	46
	巢湖市	−0.2919	47
	宁国市	−0.3401	48
	广德县	−0.3717	49
	泾　县	−0.3738	50
	绩溪县	−0.3961	51

（续表）

类型	县（市）	得分	排名
下游区域	郎溪县	－0.3967	52
	旌德县	－0.4015	53
	歙　县	－0.8064	54
	祁门县	－0.8220	55
	休宁县	－0.8316	56
	黟　县	－0.9691	57
	金寨县	－1.0677	58
	霍邱县	－1.0802	59
	舒城县	－1.1011	60
	霍山县	－1.1023	61

安徽县域环境保护能力竞争力排名（2017 届）前 10 位为：和县、含山县、当涂县、寿县、濉溪县、凤台县、枞阳县、怀远县、蒙城县、涡阳县。而上一年前 10 位排名是：祁门县、休宁县、歙县、黟县、庐江县、肥东县、巢湖市、长丰县、肥西县、无为县。与上一年比较，排名变动较大，新进入前 10 名的和县、含山县、当涂县、寿县、濉溪县、凤台县、枞阳县、怀远县、蒙城县、涡阳县代替了上年的祁门县、休宁县、歙县、黟县、庐江县、肥东县、巢湖市、长丰县、肥西县、无为县。

安徽省县域环境保护能力竞争力排名（2017 届）前 10 位的规模：总人口为 591.9 万人，占全省县域总人口的 14.95％；地区生产总值为 2465.42 亿元，占全省县域生产总值的 24.65％；人均 GDP 为 32609.90 元，比全省县域人均 GDP 24819.50 元高 7790.40 元；GDP 发展速度均值为 8.81％，比全省县域 GDP 发展速度均值 9.11％低 0.30 个百分点；农民人均纯收入为 12629.00 元，比全省县域相应均值 10435.16 元高 2193.84 元；万元 GDP 废气排放量 4476.68 立方米，是全省县域相应均值 12631.21 立方米的 35.44％；工业废水处理率均值为 93.54％，比全省县域相应均值 90.09％高 3.45 个百分点；森林覆盖率均值为 40.20％，比全省县域相应均值 31.54％高 8.66 个百分点；万元 GDP 能耗均值为 0.49 吨标准煤，比全省县域均值 0.71 吨标准煤低 0.22 吨标准煤。观察数据发现，环境保护能力强的县域经济发展水平比较落后（排在前 10

位的县域除了肥西县、肥东县外都没有进入综合竞争力和基本竞争力的前10位)，而综合竞争力强的县域环境保护能力低（综合竞争力前10位县域的环境保护能力排名分别为：57、53、38、54、12、2、17、3、1、5)，可见环境保护与经济发展不协调。

二、环境保护能力竞争力排名空间分布

从图2-9可以看出，安徽县域环境保护能力竞争力排名空间分布呈现“北强南弱中部塌陷”的片状分布规律。环境保护能力竞争力的优势县域主要集中在整个皖北地区和部分皖中区域。其中，皖北地区的寿县、濉溪县、凤台县、怀远县、蒙城县、涡阳县的环境保护能力竞争力在全省61个县市中排在前十位，其余省市竞争力排名也都排在前三十位；皖中地区的安庆市周边县域环境保护能力竞争力排名较靠前，但皖中其余的县市的排名比较靠后，都位于中下游和下游区域。皖南地区除了和县、含山县、当涂县排名进入前十外，其余各县市环境保护能力竞争力较弱，所有县市都位于排名较靠后的中下游和下游区域。

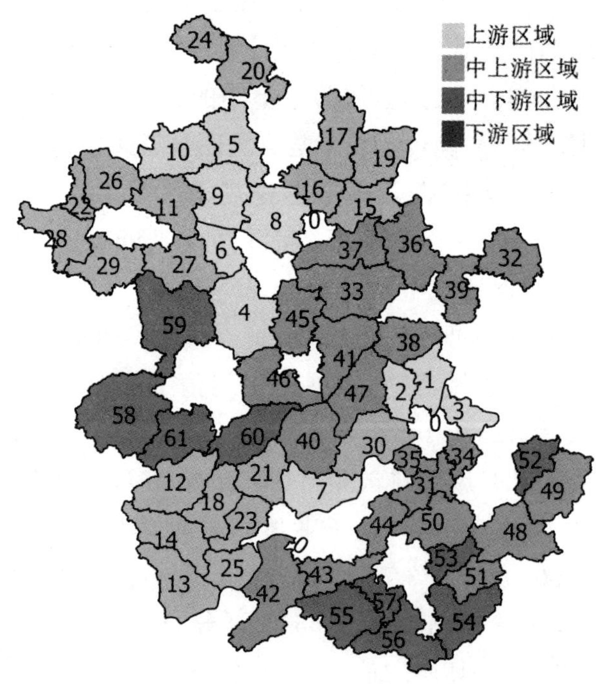

图2-9 安徽县域环境保护能力竞争力排名空间分布

第十节　政府能动性竞争力排名

一、政府能动性竞争力评价排名

县域政府能动性竞争力主要考查县域政府在地区招商引资、政府机构结构完整性、公共基础事业投入等方面情况，评价指标共包括5个三级指标。安徽县域政府能动性竞争力排名（2017届）见表2-10所列。

表2-10　安徽县域政府能动性竞争力排名（2017届）

类型	县（市）	得分	排名
上游区域	寿　县	1.0921	1
	天长市	0.9899	2
	太和县	0.9641	3
	怀远县	0.9148	4
	长丰县	0.7763	5
	太湖县	0.5749	6
	无为县	0.5286	7
	颍上县	0.5162	8
	凤台县	0.5012	9
	界首市	0.4623	10
上中游区域	明光市	0.4179	11
	庐江县	0.4008	12
	肥西县	0.3764	13
	萧　县	0.3514	14
	桐城市	0.3380	15
	霍邱县	0.2895	16
	宿松县	0.2737	17
	休宁县	0.2697	18
	阜南县	0.2314	19

（续表）

类型	县（市）	得分	排名
上中游区域	灵璧县	0.2070	20
	濉溪县	0.1992	21
	舒城县	0.1843	22
	歙　县	0.1654	23
	宁国市	0.1560	24
	全椒县	0.1494	25
	砀山县	0.1200	26
	泗　县	0.1021	27
	郎溪县	0.0932	28
	潜山县	0.0871	29
	利辛县	0.0795	30
下中游区域	涡阳县	0.0537	31
	泾　县	0.0409	32
	怀宁县	0.0261	33
	繁昌县	−0.0237	34
	临泉县	−0.0342	35
	肥东县	−0.0381	36
	和　县	−0.0848	37
	望江县	−0.0895	38
	枞阳县	−0.1043	39
	蒙城县	−0.1282	40
	定远县	−0.1589	41
	金寨县	−0.1915	42
	绩溪县	−0.1927	43
	广德县	−0.2119	44
	凤阳县	−0.2243	45
	当涂县	−0.2787	46
	五河县	−0.2810	47
	岳西县	−0.3046	48
	巢湖市	−0.3771	49
	东至县	−0.3789	50
	南陵县	−0.3868	51

（续表）

类型	县（市）	得分	排名
下游区域	固镇县	−0.4084	52
	青阳县	−0.4249	53
	霍山县	−0.4696	54
	祁门县	−0.5617	55
	来安县	−0.5939	56
	黟　县	−0.6930	57
	芜湖县	−0.6940	58
	石台县	−0.7945	59
	含山县	−0.8326	60
	旌德县	−2.9712	61

安徽县域政府能动性竞争力排名（2017 届）前 10 名为：寿县、天长市、太和县、怀远县、长丰县、太湖县、无为县、颍上县、凤台县、界首市。而上一年前 10 名是：广德县、繁昌县、临泉县、肥东县、怀远县、无为县、定远县、太和县、肥西县、凤阳县。与上一年比较，变化幅度较大，寿县、天长市、长丰县、太湖县、颍上县、凤台县、界首市代替了上一年的广德县、繁昌县、临泉县、肥东县、定远县、肥西县、凤阳县。

安徽县域政府能动性竞争力排名（2017 届）前 10 位的规模：总人口为 878.8 万人，占全省县域总人口的 21.8%；地区财政收入为 292.23 亿元，占全省县域生产总值的 22.22%；人均 GDP 为 30291.93 元，比全省县域人均 GDP 32749.83 元高 2457.9 元；GDP 发展速度均值为 8.94%，比全省县域 GDP 发展速度均值 8.54%高 0.5 个百分点；实际利用外资额均值为 8156.8 万美元，比全省县域相应均值 9056.8 万美元低 900 万美元。科教文卫事业政府财政支出平均值为 20.15 亿元，比全省县域相应平均值 14.16 亿元约高 6 亿元；人均科教文卫事业费财政支出平均为 2343.32 元，比全省县域相应均值 2351.33 元约低 8 元；科教文卫事业费财政支出增长率均值为 16.83%，是全省县域相应均值 5.75%的约 3 倍。

二、政府能动性竞争力排名空间分布

从图 2-10 可以看出，安徽县域政府能动性竞争力空间分布呈现“北强南弱”的分布规律。政府能动性竞争力排名前十名上游区域中有寿县、太和县、怀远县、颍上县、凤台县、界首市 6 个县是位于皖北地区，天长市、长丰县、太湖县 3 个县是位于皖中地区，而皖南地区只有无为县的政府能动性竞争力排在前十名；此外，政府能动性竞争力排名后十名下游区域中皖南地区占有 6 个县市，皖中地区有 3 个，而皖北地区只有 1 个。

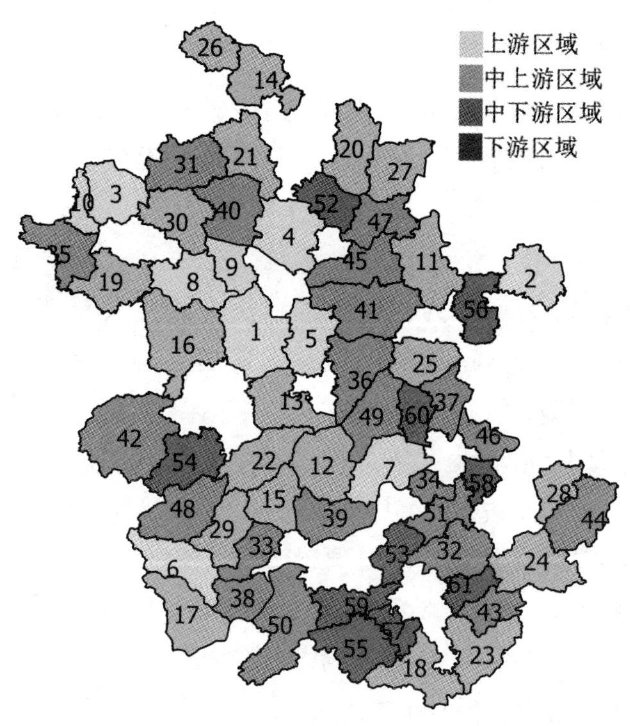

图 2-10　安徽县域政府能动性竞争力排名空间分布

第十一节 社会发展水平竞争力排名

一、社会发展水平竞争力评价排名

县域社会发展水平竞争力主要考查县域社会发展中的关键指标，如居民收入和储蓄、社会保障、社会治安、医疗卫生、教育、市场等方面情况，评价指标共包括8个三级指标。安徽县域社会发展水平竞争力排名（2017届）见表2-11所列。

表2-11 安徽县域社会发展水平竞争力排名（2017届）

类型	县（市）	得分	排名
上游区域	宁国市	1.3343	1
	临泉县	1.2873	2
	寿　县	1.0634	3
	太和县	1.0095	4
	利辛县	0.9702	5
	阜南县	0.9493	6
	萧　县	0.8675	7
	颍上县	0.8428	8
	涡阳县	0.8115	9
	怀远县	0.7896	10
上中游区域	灵璧县	0.7785	11
	蒙城县	0.5647	12
	凤台县	0.5020	13
	庐江县	0.5002	14
	泗　县	0.4972	15
	霍邱县	0.4922	16
	砀山县	0.4892	17
	肥东县	0.4163	18
	枞阳县	0.3414	19

（续表）

类型	县（市）	得分	排名
上中游区域	肥西县	0.3362	20
	界首市	0.2486	21
	长丰县	0.2314	22
	无为县	0.1897	23
	定远县	0.1246	24
	舒城县	0.1091	25
	固镇县	0.0452	26
	巢湖市	−0.0168	27
	凤阳县	−0.0244	28
	天长市	−0.0319	29
	五河县	−0.0434	30
下中游区域	濉溪县	−0.0903	31
	桐城市	−0.0969	32
	太湖县	−0.1496	33
	宿松县	−0.1504	34
	明光市	−0.1602	35
	和　县	−0.1703	36
	怀宁县	−0.1782	37
	金寨县	−0.2197	38
	广德县	−0.2316	39
	来安县	−0.2336	40
	潜山县	−0.2403	41
	望江县	−0.2447	42
	全椒县	−0.3979	43
	歙　县	−0.4218	44
	当涂县	−0.4920	45
	含山县	−0.4961	46
	东至县	−0.5033	47
	岳西县	−0.5474	48
	泾　县	−0.5550	49
	郎溪县	−0.5634	50
	霍山县	−0.6312	51

（续表）

类型	县（市）	得分	排名
下游区域	休宁县	－0.6490	52
	青阳县	－0.6645	53
	绩溪县	－0.7142	54
	繁昌县	－0.7582	55
	南陵县	－0.8610	56
	祁门县	－0.8895	57
	芜湖县	－0.9056	58
	石台县	－1.0483	59
	黟　县	－1.1097	60
	旌德县	－1.3013	61

安徽县域社会发展水平竞争力排名（2017 届）前 10 位为：宁国市、临泉县、寿县、太和县、利辛县、阜南县、萧县、颍上县、涡阳县、怀远县。而上一年前 10 位的是：临泉县、利辛县、霍邱县、太和县、颍上县、阜南县、涡阳县、萧县、灵璧县、蒙城县。与上一年比较，变化不大，宁国市、寿县、怀远县代替了上一年的蒙城县、霍邱县、灵璧县。

安徽县域社会发展水平竞争力排名（2017 届）前 10 位的规模：总人口为 1154.3 万人，占全省县域总人口的 28.64%；地区生产总值为 2097.37 亿元，占全省县域生产总值的 18.1%；人均 GDP 为 21822.58 元，比全省县域人均 GDP 32749.83 元低 10927.25 元；GDP 发展速度均值为 8.74%，比全省县域 GDP 发展速度均值 8.54%高 0.2 个百分点；科教文卫事业费财政支出平均为 21.97 亿元，比全省县域相应均值 14.16 亿元高 7.81 亿元；科教文卫事业费财政支出增长率均值为 7.27%，比全省县域相应均值 10.49%低 3.22 个百分点；人均科教文卫事业费财政支出平均为 2051.99 元，比全省县域相应均值 2351.33 元低 299.34 元；新增就业率平均为 11.33%，比全省县域相应均值 8.56%高 2.77 个百分点；城市化率平均为 20.67%，比全省县域相应均值 26.36%低 5.69 个百分点。

二、社会发展水平竞争力排名空间分布

从图 2-11 可以看出，安徽县域社会发展水平竞争力排名空间分布呈现“北强南弱”的片状分布规律。社会发展水平竞争力排名前十名上游区域中有临泉县、寿县、太和县、利辛县、阜南县、萧县、颍上县、涡阳县、怀远县 9 个县是位于皖北地区，而剩下的一个宁国市位于皖南地区；皖中地区县域的社会发展水平竞争力排名都是位于中上游区域和中下游区域；与此形成鲜明对比的是社会发展水平竞争力排名后十名的下游区域中县域都位于皖南地区。

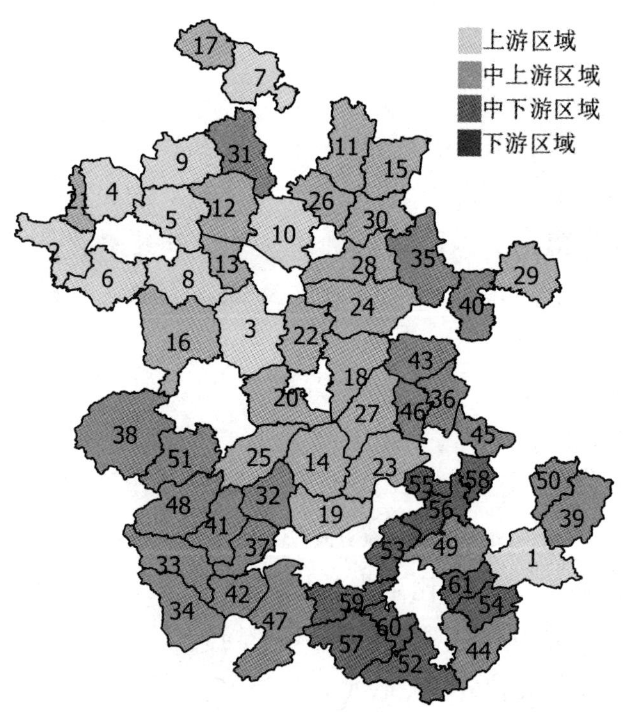

图 2-11 安徽县域社会发展水平竞争力排名空间分布

第十二节　投资环境优势竞争力排名

一、投资环境优势竞争力评价排名

安徽省县域投资环境优势竞争力主要考查县域投资环境相关的关键指标，如经济社会发展水平、政府能动性、环保能力、资源环境等评价指标共包括 8 个二级指标、63 个三级指标。安徽县域投资环境优势竞争力排名（2017 届）见表 2 - 12 所列。

表 2 - 12　安徽县域投资环境优势竞争力排名（2017 届）

类型	县（市）	得分	排名
上游区域	肥西县	0.4974	1
	肥东县	0.3603	2
	长丰县	0.3484	3
	天长市	0.2727	4
	太和县	0.2097	5
	庐江县	0.1976	6
	寿　县	0.1743	7
	濉溪县	0.1719	8
	怀远县	0.1659	9
	宁国市	0.1602	10
上中游区域	无为县	0.1497	11
	巢湖市	0.1478	12
	和　县	0.1284	13
	颍上县	0.1281	14
	芜湖县	0.1180	15
	当涂县	0.0767	16
	桐城市	0.0721	17
	萧　县	0.0672	18
	蒙城县	0.0573	19

（续表）

类型	县（市）	得分	排名
上中游区域	临泉县	0.0515	20
	枞阳县	0.0483	21
	定远县	0.0471	22
	涡阳县	0.0372	23
	砀山县	0.0181	24
	东至县	0.0165	25
	岳西县	0.0157	26
	宿松县	0.0126	27
	广德县	0.0032	28
	太湖县	0.0030	29
	泗　县	−0.0060	30
下中游区域	阜南县	−0.0087	31
	怀宁县	−0.0204	32
	五河县	−0.0208	33
	界首市	−0.0276	34
	明光市	−0.0333	35
	舒城县	−0.0333	36
	潜山县	−0.0355	37
	南陵县	−0.0461	38
	利辛县	−0.0465	39
	含山县	−0.0518	40
	凤阳县	−0.0538	41
	固镇县	−0.0689	42
	休宁县	−0.0699	43
	灵璧县	−0.0720	44
	霍邱县	−0.0747	45
	全椒县	−0.0750	46
	金寨县	−0.0929	47
	歙　县	−0.1060	48
	繁昌县	−0.1215	49
	望江县	−0.1231	50
	来安县	−0.1404	51

（续表）

类型	县（市）	得分	排名
下游区域	凤台县	－0.1541	52
	郎溪县	－0.1568	53
	霍山县	－0.1589	54
	泾　县	－0.1653	55
	青阳县	－0.1916	56
	祁门县	－0.2064	57
	绩溪县	－0.2707	58
	黟　县	－0.3005	59
	石台县	－0.3177	60
	旌德县	－0.5067	61

安徽县域投资环境优势竞争力排名（2017 届）前 10 位为：肥西县、肥东县、长丰县、天长市、太和县、庐江县、寿县、濉溪县、怀远县、宁国市；而上一年的前 10 位是：无为县、肥西县、太和县、临泉县、涡阳县、庐江县、颍上县、肥东县、阜南县、桐城市。与上一年比较，不仅排名发生了变化，而且变动较大。今年的长丰县、天长市、寿县、濉溪县、怀远县、宁国市代替了上一年的无为县、临泉县、涡阳县、颍上县、阜南县、桐城市。

安徽县域投资环境优势竞争力排名（2017 届）前 10 位的规模：总人口为 875.3 万人，占全省县域总人口的 21.72%；地区财政总收入 382.48 亿元，占全省县域生产总值的 29.08%；人均 GDP 为 42431.98 元，比全省县域人均 GDP 32749.83 元高 9682.16 元；GDP 发展速度均值为 9.42%，比全省县域 GDP 发展速度均值 8.54%高 0.88 个百分点；农民人均纯收入为 14108.8 元，比全省县域相应均值 12297.7 元多 1811.1 元。国道里程数平均为 30.5 千米，比全省相应均值 33.61 千米少 3.11 千米；其中，实际利用外资金额平均值为 13625.5 万美元，比全省县域的实际利用外资金额的平均值 9056.8 万美元高 4568.7 万美元；专利授权量平均值为 1339.04 件，比全省县域相应均值 672.81 件多 666.23 件；进出口总额增长率的平均值为 －6.61%，比全省县域相应均值－5.7%低 0.91 个百分点；科教文卫事业财政支出的增长率平均值为 12.5%，比全省县域相应平均值 5.75%高出 6.75 个百分点；而城市化率平均为 25.95%，比全省县域相应均值 26.36%低大约 0.41 个百分点。由以上分析可得，改善投资环境有利于引进外资，促进当地经济发展。

二、投资环境优势竞争力排名空间分布

从图 2－12 可以看出，安徽县域投资环境优势竞争力空间分布呈现“北强南弱、中部凸起”的片状分布规律。安徽县域投资环境优势竞争力排名前十名的县域中有太和县、庐江县、濉溪县、怀远县 4 个县市位于皖北地区，皖中地区有肥西县、肥东县、长丰县、天长市、庐江县、寿县 5 个县市，并且皖中其余的县市排名都集中在中上游区域，而皖南只有宁国市 1 个县市；与此形成鲜明对比的是竞争力排名后十名中有 8 个县市是位于皖南地区。

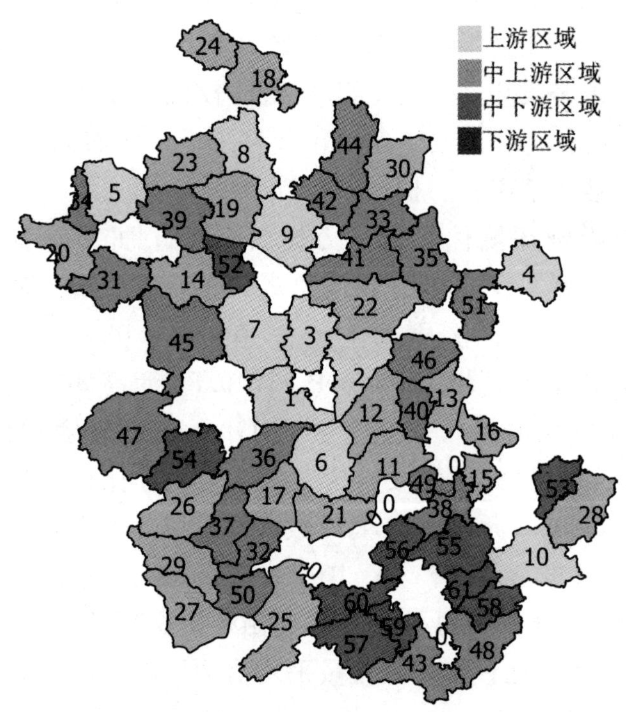

图 2－12　安徽县域投资环境优势竞争力排名空间排名

第十三节　特色经济竞争力排名

一、特色经济竞争力评价排名

县域特色经济竞争力主要考查县域特色经济相关的关键指标，如规模以上企业产值、规模以上企业产值占有 GDP 的比值、规模以上企业产值增速、固定资产投资、万元 GDP 能耗等方面情况，评价指标共包括 6 个三级指标，安徽县域特色经济竞争力排名（2017 届）见表 2 - 13 所列。

表 2 - 13　安徽县域特色经济竞争力排名（2017 届）

类型	县（市）	得分	排名
上游区域	和　县	1.5764	1
	含山县	1.4907	2
	当涂县	1.4833	3
	界首市	1.1901	4
	太和县	0.7864	5
	长丰县	0.7074	6
	繁昌县	0.7053	7
	肥西县	0.7028	8
	天长市	0.6819	9
	肥东县	0.6432	10
上中游区域	濉溪县	0.5750	11
	芜湖县	0.4809	12
	宁国市	0.4764	13
	桐城市	0.3628	14
	怀远县	0.3577	15
	固镇县	0.3234	16
	颍上县	0.2405	17
	广德县	0.1979	18
	东至县	0.1811	19

（续表）

类型	县（市）	得分	排名
上中游区域	青阳县	0.1754	20
	无为县	0.1739	21
	临泉县	0.1059	22
	怀宁县	0.0954	23
	舒城县	0.0903	24
	郎溪县	0.0604	25
	萧　县	0.0420	26
	五河县	−0.0243	27
	庐江县	−0.0544	28
	巢湖市	−0.0548	29
	寿　县	−0.0718	30
下中游区域	枞阳县	−0.1026	31
	来安县	−0.1139	32
	砀山县	−0.1155	33
	宿松县	−0.1334	34
	南陵县	−0.1372	35
	望江县	−0.1899	36
	灵璧县	−0.2156	37
	岳西县	−0.2186	38
	凤台县	−0.2309	39
	金寨县	−0.2322	40
	霍山县	−0.2435	41
	太湖县	−0.2668	42
	泾　县	−0.2988	43
	阜南县	−0.3017	44
	利辛县	−0.3132	45
	潜山县	−0.3164	46
	涡阳县	−0.3192	47
	全椒县	−0.3348	48
	凤阳县	−0.3652	49
	泗　县	−0.3900	50
	定远县	−0.4133	51

（续表）

类型	县（市）	得分	排名
下游区域	蒙城县	−0.4453	52
	明光市	−0.5702	53
	歙　县	−0.6244	54
	绩溪县	−0.6459	55
	石台县	−0.7527	56
	休宁县	−0.8122	57
	祁门县	−0.8771	58
	旌德县	−0.8831	59
	黟　县	−0.9129	60
	霍邱县	−1.9246	61

安徽县域特色经济竞争力排名（2017 届）前 10 位为：和县、含山县、当涂县、界首市、太和县、长丰县、繁昌县、肥西县、天长市、肥东县。而上一年的前 10 位是：桐城市、肥西县、当涂县、繁昌县、肥东县、天长市、长丰县、芜湖县、和县、宁国市。相较于上一年排名有所变动，新进入前 10 位的含山县、界首市、太和县代替了上一年的桐城市、芜湖县、宁国市。

安徽县域特色经济竞争力排名（2017 届）前 10 位的规模：总人口 651.2 万人，占全省县域总人口的 16.16%；地区生产总值 3055.9 亿元，占全省县域总产值的 26.37%；人均 GDP 为 51821.72 元，比全省县域人均 GDP 32749.8 元高 19071.92 元；GDP 发展速度的均值为 10.08%，比全省县域 GDP 发展速度的均值 8.5%高 1.58 个百分点；农民纯收入为 15822.5 元，比全省县域相应均值 12297.7 元高 3524.8 元；规模以上工业增加值是 166.02 亿元，比全省县域相应值 78.84 亿元高 87.18 亿元；规模以上工业增加值的增速均值为 12.72%，比全省县域规模以上工业增加值增速均值 10.14%高 2.58 个百分点；规模以上工业增加值占 GDP 的比重均值是 57.67%，比全省县域规模以上工业增加值占 GDP 比重 38.61%低 19.06 个百分点；重大投资额为 3456.8 亿元，占全省县域重大投资额的 27.56%；万元 GDP 能耗均值为 0.79 吨标准煤，比全省县域相应值 0.63 吨标准煤高了 0.16 吨标准煤；特色产业产值均值是 31.65 亿元，比全省特色产业均值 32.62 亿元低 0.97 亿元。由以上数据可以看出，特色经济对综合竞争力具有较强的促进作用。

二、特色经济竞争力排名空间分布

从图 2-13 可以看出，安徽县域特色经济竞争力排名空间分布呈现“南北弱中部强”的片状分布规律。安徽省县域特色经济竞争力排名前十名中有长丰县、肥西县、天长市、肥东县位于皖中地区，皖北地区只有界首市、太和县 2 个县市，皖南地区有和县、含山县、当涂县 3 个位于马鞍山市和芜湖市的县市；而竞争力排名后十名中有 7 个县市位于皖南地区，2 个县市位于皖中地区，1 个县市位于皖北地区。此外，位于皖中的大别山区和滁州市周边县市特色经济竞争力也比较弱。

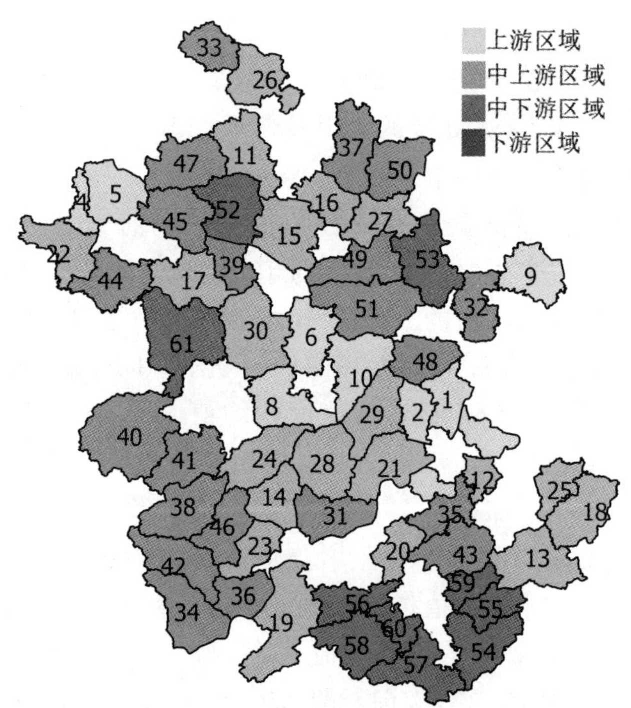

图 2-13 安徽县域特色经济竞争力排名空间分布

第十四节 城乡协调发展竞争力排名

一、城乡协调发展竞争力评价排名

县域城乡协调竞争力主要考查县域城镇和乡村协调发展的指标，如产业非农化率、就业非农化率、城乡居民收入比值、城镇化率、城乡居民生活性消费比值等评价指标共包括7个三级指标。其中，城乡居民收入比值、城乡居民生活性消费比值是逆指标，因此在数据标准化时，标准化公式为 $X'_{ij}=\dfrac{\overline{X_i}-X_{ij}}{s}$，其中 X'_{ij} 表示标准化后数值，$\overline{X_i}$ 表示各指标的原始数值的均值，X_{ij} 表示原始指标值，s 表示各指标原始数值的标准差。安徽县域城乡协调发展竞争力排名（2017届）见表2－14所列。

表2－14 安徽县域城乡协调发展竞争力排名（2017届）

类型	县（市）	得分	排名
上游区域	肥西县	1.6612	1
	繁昌县	1.3250	2
	宁国市	1.2900	3
	当涂县	1.1685	4
	巢湖市	1.0700	5
	和　县	0.8701	6
	含山县	0.8325	7
	天长市	0.8264	8
	广德县	0.7928	9
	芜湖县	0.7225	10
上中游区域	长丰县	0.6427	11
	凤台县	0.6285	12
	郎溪县	0.5905	13
	肥东县	0.5878	14
	祁门县	0.4890	15
	南陵县	0.4849	16
	泾　县	0.4488	17
	黟　县	0.4141	18
	青阳县	0.4073	19

（续表）

类型	县（市）	得分	排名
上中游区域	霍山县	0.3997	20
	旌德县	0.3886	21
	绩溪县	0.3342	22
	来安县	0.3214	23
	歙　县	0.2405	24
	桐城市	0.2080	25
	庐江县	0.1617	26
	全椒县	0.1479	27
	休宁县	0.1456	28
	凤阳县	0.1249	29
	无为县	0.1164	30
下中游区域	怀宁县	0.0493	31
	石台县	−0.0826	32
	东至县	−0.1464	33
	潜山县	−0.1545	34
	枞阳县	−0.2339	35
	界首市	−0.2390	36
	舒城县	−0.3945	37
	濉溪县	−0.3956	38
	金寨县	−0.4336	39
	岳西县	−0.4540	40
	明光市	−0.4588	41
	霍邱县	−0.4589	42
	五河县	−0.4743	43
	蒙城县	−0.5396	44
	宿松县	−0.5827	45
	望江县	−0.5900	46
	颍上县	−0.6180	47
	砀山县	−0.6185	48
	太湖县	−0.6684	49
	怀远县	−0.6684	50
	定远县	−0.6965	51

（续表）

类型	县（市）	得分	排名
下游区域	固镇县	－0.7089	52
	涡阳县	－0.7151	53
	太和县	－0.7846	54
	泗　县	－0.8151	55
	寿　县	－0.9143	56
	萧　县	－0.9291	57
	灵璧县	－0.9307	58
	利辛县	－1.0023	59
	临泉县	－1.0490	60
	阜南县	－1.1336	61

安徽县域城乡协调发展竞争力排名（2017 届）前 10 名的县域是：肥西县、繁昌县、宁国市、当涂县、巢湖市、和县、含山县、天长市、广德县、芜湖县。上一年前 10 位是：繁昌县、南陵县、芜湖县、宁国市、肥西县、当涂县、天长市、广德县、巢湖市、黟县。相较于上一年排名有所变化，新进入前 10 位的和县、含山县代替了上一年的南陵县、黔县。

安徽县域城乡协调竞争力排名（2017 届）前 10 位的规模：总人口为 493.5 万人，占全省县域总人口的 12.24%；地区生产总值为 2718.1 亿元，占全省县域生产总值的 23.45%；人均 GDP 为 57035.55 元，比全省县域人均 GDP 32749.8 元高 24285.75 元；GDP 发展速度的均值为 9.46%，比全省县域 GDP 发展速度均值 8.5%高 0.96 个百分点；农民纯收入增长率均值 9.55%，比全省县域相应均值 9.6%低 0.5 个百分点；产业非农化率的均值是 89.97%，比全省县域产业非农化率均值 81.82%高 8.15 个百分点；就业人口产业化率均值为 0.06，比全省县域相应均值 0.04 高 0.02；万元 GDP 能耗均值为 0.75 吨标准煤，比全省县域相应水平 0.63 吨标准煤高 0.12 吨标准煤。

二、城乡协调发展竞争力排名空间分布

从图 2-14 可以看出，安徽县域城乡协调发展竞争力排名空间分布呈现“南强北弱”的片状分布规律。城乡协调发展竞争力排名前十名上游区域中有繁昌县、当涂县、和县、含山县、天长市、广德县、芜湖县等 7 个县市都位于皖南地区，肥西县、宁国市、巢湖市 3 个县市位于皖中地区；与此形成鲜明对比的是排名后十名的下游区域县市都是位于皖北地区，并且除凤台县外的皖北地区县市的城乡协调发展竞争力排名都处于较靠后的中下游区域。此外，皖中地区的大别山区的县域城乡协调发展竞争力也相对较弱。

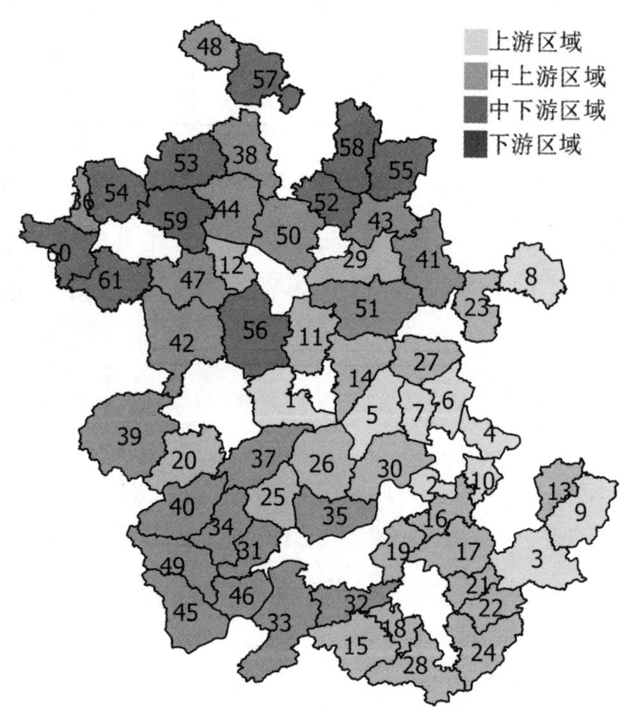

图 2-14 安徽县域城乡协调发展竞争力排名空间分布

第三章　安徽县域经济竞争力动态评价

第一节　综合竞争力排名的动态变化及评价

安徽省县域经济综合竞争力排名自2004届开始，已连续排名十四届。综合竞争力连续十四届的排名情况见表3－1所列（注：↑表示与上一年度比较排名上升，↓表示排名下降，没有箭头表示排名不变）。

表3－1　综合竞争力连续十四届排名

排名	2004年		2005年		2006年	
	县（市）	总得分	县（市）	总得分	县（市）	总得分
1	宁国市	1.8533	宁国市	1.5444	宁国市	1.5275
2	天长市	1.0842	肥西县↑25	0.9263	天长市↑6	1.3799
3	桐城市	0.8750	繁昌县↑1	0.9106	当涂县↑2	0.9352
4	繁昌县	0.8411	凤台县↑1	0.8224	凤台县	0.8776
5	凤台县	0.6441	当涂县↑2	0.7741	绩溪县↑17	0.8545
6	无为县	0.6433	肥东县↑3	0.7359	繁昌县↓3	0.8421
7	当涂县	0.6147	桐城市↓4	0.7131	芜湖县↑2	0.8215
8	广德县	0.5874	天长市↓6	0.6997	桐城市↓1	0.6825
9	肥东县	0.5864	芜湖县↑2	0.5949	南陵县↑4	0.5626
10	怀宁县	0.5193	无为县↓4	0.5035	肥东县↓4	0.3749
11	芜湖县	0.4714	怀宁县↓1	0.429	来安县↑4	0.3712
12	歙　县	0.4202	霍山县↑4	0.33	怀宁县↓1	0.3528
13	来安县	0.3001	南陵县↑5	0.3056	霍山县↓1	0.2961

（续表）

排名	2004 年		2005 年		2006 年	
	县（市）	总得分	县（市）	总得分	县（市）	总得分
14	泾　县	0.2924	广德县↓6	0.2833	全椒县↑3	0.2592
15	全椒县	0.2908	来安县↓2	0.2584	肥西县↓13	0.2469
16	霍山县	0.2562	怀远县↑15	0.2401	旌德县↑32	0.2282
17	绩溪县	0.2519	全椒县↓2	0.2140	广德县↓3	0.2245
18	南陵县	0.2129	霍邱县↑17	0.2000	郎溪县↑21	0.1978
19	祁门县	0.2072	涡阳县↑4	0.1286	歙　县↑15	0.1615
20	太和县	0.1809	凤阳县↑12	0.1021	无为县↓10	0.1589
21	界首市	0.1357	寿　县↑16	0.0874	含山县↑5	0.1460
22	含山县	0.1351	绩溪县↓5	0.0858	铜陵县↑7	0.0841
23	涡阳县	0.1180	和　县↑2	0.0795	凤阳县↓3	0.0832
24	濉溪县	0.1075	长丰县↑24	0.0250	五河县↑8	0.0748
25	和　县	0.0929	明光市↑4	0.0181	和　县↓2	0.0677
26	休宁县	0.0755	含山县↓4	0.0175	黟　县↑25	0.0587
27	肥西县	0.0609	蒙城县↑6	0.0162	青阳县↑3	0.0580
28	铜陵县	0.0338	庐江县↑6	0.0069	休宁县↑16	0.0266
29	明光市	0.0042	铜陵县↓1	−0.0850	固镇县↑4	0.0015
30	青阳县	−0.0080	青阳县	−0.0890	长丰县↓6	−0.0200
31	怀远县	−0.0090	泾　县↓17	−0.1000	祁门县↑16	−0.0510
32	凤阳县	−0.0480	五河县↑18	−0.1070	怀远县↓16	−0.0630
33	蒙城县	−0.0700	固镇县↑12	−0.1120	泾　县↓2	−0.1250
34	庐江县	−0.0720	歙　县↓22	−0.1120	明光市↓9	−0.1340
35	霍邱县	−0.0860	定远县↑4	−0.1290	蒙城县↓8	−0.1390
36	黟　县	−0.0920	萧　县↑10	−0.1420	泗　县↑1	−0.1480
37	寿　县	−0.0930	泗　县↑23	−0.1640	庐江县↓9	−0.1940
38	舒城县	−0.103	舒城县	−0.169	寿　县↓17	−0.200
39	定远县	−0.139	郎溪县↑5	−0.172	潜山县↑14	−0.214
40	东至县	−0.173	太和县↓20	−0.183	定远县↓5	−0.217

（续表）

排名	2004 年		2005 年		2006 年	
	县（市）	总得分	县（市）	总得分	县（市）	总得分
41	枞阳县	−0.175	濉溪县↓17	−0.228	涡阳县↓22	−0.222
42	潜山县	−0.229	灵璧县↑16	−0.247	濉溪县↓1	−0.260
43	旌德县	−0.248	临泉县↑4	−0.263	颍上县↑6	−0.303
44	郎溪县	−0.318	休宁县↓18	−0.277	枞阳县↑1	−0.319
45	固镇县	−0.341	枞阳县↓4	−0.281	东至县↑1	−0.333
46	萧　县	−0.357	东至县↓6	−0.281	霍邱县↓28	−0.352
47	临泉县	−0.399	祁门县↓28	−0.296	岳西县↑11	−0.376
48	长丰县	−0.419	旌德县↓5	−0.370	界首市↑4	−0.412
49	望江县	−0.448	颍上县↑2	−0.386	太和县↓9	−0.421
50	五河县	−0.455	金寨县↑2	−0.398	灵璧县↓8	−0.468
51	颍上县	−0.529	黟　县↓15	−0.398	舒城县↓13	−0.475
52	金寨县	−0.541	界首市↓31	−0.402	石台县↑9	−0.479
53	太湖县	−0.585	潜山县↓11	−0.408	萧　县↓17	−0.480
54	利辛县	−0.595	利辛县	−0.461	宿松县↑5	−0.542
55	宿松县	−0.654	阜南县↑2	−0.575	太湖县↑5	−0.579
56	岳西县	−0.66	砀山县↑3	−0.580	金寨县↓6	−0.585
57	阜南县	−0.662	望江县↓8	−0.601	临泉县↓14	−0.686
58	灵璧县	−0.693	岳西县↓2	−0.618	砀山县↓2	−0.694
59	砀山县	−0.782	宿松县↓4	−0.666	望江县↓2	−0.749
60	泗　县	−0.803	太湖县↓7	−0.666	利辛县↓6	−0.855
61	石台县	−1.108	石台县	−1.087	阜南县↓6	−0.862

排名	2007 年		2008 年		2009 年	
	县（市）	总得分	县（市）	总得分	县（市）	总得分
1	宁国市	2.0189	宁国市	1.2448	肥西县↑6	0.8086
2	天长市	1.4178	繁昌县↑1	1.0884	当涂县↑3	0.7996
3	繁昌县↑3	1.0341	无为县↑4	1.0724	无为县	0.7564
4	当涂县↓1	1.0282	天长市↓2	0.8579	肥东县↑4	0.5772

（续表）

排名	2007 年		2008 年		2009 年	
	县（市）	总得分	县（市）	总得分	县（市）	总得分
5	凤台县↓1	0.9567	当涂县↓1	0.8209	凤台县↑14	0.5446
6	桐城市↑2	0.8523	桐城市	0.7761	宁国市↓5	0.3606
7	无为县↑13	0.7147	肥西县↑1	0.7701	濉溪县↑19	0.3472
8	肥西县↑13	0.7127	肥东县↑4	0.7549	天长市↓4	0.3396
9	芜湖县↓2	0.6439	芜湖县	0.5850	涡阳县↑3	0.3223
10	广德县↑7	0.5344	广德县	0.5224	萧　县↑15	0.3159
11	全椒县↑3	0.5103	怀宁县↑3	0.4219	庐江县↑12	0.3158
12	肥东县↓2	0.4610	涡阳县↑1	0.3093	霍邱县↑2	0.3143
13	涡阳县↑28	0.3250	南陵县↑2	0.3058	颍上县↑9	0.2523
14	怀宁县↓2	0.3143	霍邱县↑21	0.2982	太和县↑1	0.2515
15	南陵县↓6	0.2887	太和县↑30	0.2905	和　县↑6	0.2404
16	来安县↓5	0.2776	铜陵县↑5	0.2829	繁昌县↓14	0.2226
17	凤阳县↑6	0.2540	长丰县↑7	0.2679	怀远县↑15	0.2180
18	怀远县↑14	0.2461	枞阳县↑20	0.2411	长丰县↓1	0.2000
19	定远县↑21	0.2133	凤台县↓14	0.2193	广德县↓9	0.1862
20	濉溪县↑22	0.1356	霍山县↑5	0.1493	桐城市↓14	0.1819
21	铜陵县↑1	0.1155	和　县↑9	0.1055	蒙城县↑6	0.1695
22	五河县↑2	0.0703	颍上县↑30	0.0928	铜陵县↓6	0.1365
23	庐江县↑14	0.0427	庐江县	0.0752	芜湖县↓14	0.1121
24	长丰县↑6	0.0373	舒城县↑25	0.0598	南陵县↓11	0.0593
25	霍山县↓12	0.0042	萧　县↑14	0.0496	临泉县↑17	0.0534
26	蒙城县↑9	−0.029	濉溪县↓6	0.0291	利辛县↑28	0.0382
27	含山县↓6	−0.032	蒙城县↓1	0.0087	舒城县↓3	0.0354
28	固镇县↑1	−0.037	全椒县↓17	−0.010	怀宁县↓17	0.0101
29	青阳县↓2	−0.063	歙　县↑11	−0.029	寿　县↑6	−0.0010
30	和　县↓5	−0.071	界首市↑20	−0.067	歙　县↓1	−0.0316
31	绩溪县↓26	−0.073	来安县↓15	−0.091	阜南县↑24	−0.0569
32	明光市↑2	−0.073	怀远县↓14	−0.093	东至县↑14	−0.0653

（续表）

排名	2007年		2008年		2009年	
	县（市）	总得分	县（市）	总得分	县（市）	总得分
33	郎溪县↓15	−0.132	望江县↑21	−0.158	凤阳县↑1	−0.0731
34	黟　县↓8	−0.138	凤阳县↓17	−0.189	含山县↑3	−0.1005
35	霍邱县↑11	−0.141	寿　县↑13	−0.217	定远县↑14	−0.1216
36	祁门县↓5	−0.159	郎溪县↓3	−0.225	枞阳县↓18	−0.1286
37	休宁县↓9	−0.178	含山县↓10	−0.228	灵璧县↑19	−0.1386
38	枞阳县↑6	−0.180	宿松县↑15	−0.257	固镇县↑5	−0.1585
39	萧　县↑14	−0.190	泾　县↑7	−0.261	霍山县↓19	−0.1610
40	歙　县↓21	−0.206	绩溪县↓9	−0.277	界首市↓10	−0.1689
41	东至县↑4	−0.309	潜山县↑6	−0.282	五河县↑6	−0.1916
42	泗　县↓6	−0.310	临泉县↑16	−0.318	宿松县↓4	−0.1976
43	旌德县↓27	−0.315	固镇县↓15	−0.32	青阳县↑10	−0.1996
44	灵璧县↑6	−0.321	砀山县↑7	−0.323	来安县↓13	−0.2194
45	太和县↑4	−0.344	休宁县↓8	−0.349	泗　县↑7	−0.2224
46	泾　县↓13	−0.352	东至县↓5	−0.359	望江县↓13	−0.2229
47	潜山县↓8	−0.367	五河县↓25	−0.385	全椒县↓19	−0.2249
48	寿　县↓10	−0.371	祁门县↓12	−0.388	郎溪县↓12	−0.2253
49	舒城县↑2	−0.502	定远县↓30	−0.402	潜山县↓8	−0.2565
50	界首市↓2	−0.507	金寨县↑9	−0.412	明光市↑7	−0.2664
51	砀山县↑7	−0.540	岳西县↑10	−0.442	泾　县↓12	−0.2999
52	颍上县↓9	−0.550	泗　县↓10	−0.460	砀山县↓8	−0.3314
53	宿松县↑1	−0.562	青阳县↓24	−0.461	太湖县↑6	−0.3505
54	望江县↑5	−0.621	利辛县↑3	−0.479	金寨县↓4	−0.359
55	阜南县↑6	−0.718	阜南县	−0.488	休宁县↓10	−0.3597
56	太湖县↓1	−0.731	灵璧县↓12	−0.506	绩溪县↓16	−0.3872
57	利辛县↑3	−0.771	明光市↓25	−0.520	祁门县↓9	−0.4449
58	临泉县↓1	−0.787	黟　县↓24	−0.582	旌德县↑2	−0.5184
59	金寨县↓3	−0.809	太湖县↓3	−0.603	岳西县↓8	−0.5368
60	石台县↓8	−0.852	旌德县↓17	−0.673	石台县↑1	−0.5558
61	岳西县↓14	−0.869	石台县↓1	−0.847	黟　县↓4	−0.5937

（续表）

排名	2010年		2011年		2012年	
	县（市）	总得分	县（市）	总得分	县（市）	总得分
1	肥西县	0.7646	肥西县	0.9692	肥西县	0.9065
2	无为县↑1	0.7473	当涂县↑1	0.7900	肥东县↑2	0.7490
3	当涂县	0.6251	无为县↓1	0.7018	长丰县↑4	0.6132
4	凤台县↑1	0.5777	肥东县↑1	0.6951	怀远县↑1	0.5575
5	肥东县	0.5651	怀远县↑6	0.4086	无为县↓2	0.4804
6	宁国市	0.5078	宁国市	0.3921	霍邱县↑9	0.4275
7	霍邱县↑5	0.4921	长丰县↑12	0.3644	当涂县↓5	0.4084
8	颍上县	0.3650	繁昌县↑4	0.3510	萧　县↑27	0.3811
9	天长市	0.3263	濉溪县↑5	0.3308	临泉县↑20	0.3431
10	涡阳县↓1	0.3073	凤台县↓6	0.3302	天长市↑4	0.3355
11	怀远县↑6	0.2706	芜湖县↑2	0.2919	庐江县↑8	0.3161
12	繁昌县↑4	0.2655	广德县↑9	0.2712	太和县↑10	0.3159
13	芜湖县↑10	0.2603	铜陵县↑7	0.2695	濉溪县↓4	0.3027
14	濉溪县↓7	0.2506	天长市↓5	0.2639	五河县↑12	0.2226
15	太和县↓1	0.2472	霍邱县↓8	0.2638	利辛县↑10	0.2008
16	庐江县↓5	0.2276	涡阳县↓6	0.2357	颍上县↑5	0.1608
17	南陵县↑7	0.1889	南陵县	0.1849	巢湖市	0.1367
18	蒙城县↑3	0.1830	桐城市↑7	0.1406	宁国市↓12	0.1129
19	长丰县↓1	0.1671	庐江县↓3	0.1277	蒙城县↑1	0.1105
20	铜陵县↑2	0.1605	蒙城县↓2	0.1271	凤台县↓10	0.0765
21	广德县↓2	0.1593	颍上县↓13	0.0787	芜湖县↓10	0.0708
22	东至县↑10	0.0974	太和县↓7	0.0554	桐城市↓4	0.0627
23	舒城县↑4	0.0646	东至县↓1	0.0505	广德县↓11	0.0478
24	利辛县↑2	0.0585	固镇县↑20	0.0500	定远县↑9	0.0476
25	桐城市↓5	0.0568	利辛县↓1	0.0413	泗　县↑20	0.0450
26	枞阳县↑10	0.0519	五河县↑16	0.0213	固镇县↓2	0.0421
27	临泉县↓2	0.0212	歙　县↑2	0.0186	繁昌县↓19	0.0349

（续表）

排名	2010 年		2011 年		2012 年	
	县（市）	总得分	县（市）	总得分	县（市）	总得分
28	凤阳县↓1	−0.003	灵璧县↑25	−0.0119	阜南县↑9	0.0261
29	歙　县↑1	−0.0127	临泉县↓2	−0.0128	涡阳县↓13	0.0077
30	砀山县↑22	−0.0296	寿　县↑6	−0.0220	灵璧县↓2	−0.0128
31	萧　县↓21	−0.037	舒城县↓8	−0.0506	凤阳县↑5	−0.0281
32	定远县↑3	−0.0462	怀宁县↑3	−0.0545	明光市↑14	−0.0435
33	阜南县↓2	−0.0467	定远县↓1	−0.0661	枞阳县↑6	−0.0554
34	和　县↓19	−0.0479	和　县	−0.0715	怀宁县↓2	−0.0573
35	怀宁县↓7	−0.0724	萧　县↓4	−0.0807	来安县↑15	−0.0657
36	寿　县↓7	−0.0761	凤阳县↓8	−0.0861	全椒县↑2	−0.0704
37	全椒县↑10	−0.0794	阜南县↓4	−0.1148	砀山县↑10	−0.0742
38	明光市↑12	−0.0887	全椒县↓1	−0.1335	舒城县↓7	−0.0771
39	宿松县↑3	−0.1070	枞阳县↓13	−0.1565	和　县↓5	−0.0819
40	金寨县↑14	−0.1614	宿松县↓1	−0.1886	金寨县↑4	−0.0902
41	青阳县↑2	−0.1616	郎溪县↑7	−0.1901	寿　县↓11	−0.0973
42	五河县↓1	−0.1725	休宁县↑10	−0.2099	东至县↓19	−0.1299
43	霍山县↓4	−0.1845	界首市↑4	−0.2192	南陵县↓26	−0.1469
44	固镇县↓6	−0.2086	金寨县↓4	−0.2256	宿松县↓4	−0.1521
45	含山县↓11	−0.2092	泗　县↑11	−0.2337	潜山县↑11	−0.1678
46	来安县↓2	−0.2144	明光市↓8	−0.2423	霍邱县↓31	−0.1720
47	界首市↓7	−0.2240	砀山县↓17	−0.2500	铜陵县↓34	−0.1846
48	郎溪县	−0.2296	泾　县↑1	−0.2523	界首市↓5	−0.1922
49	泾　县↑2	−0.2435	霍山县↓6	−0.2564	歙　县↓22	−0.2364
50	潜山县↓1	−0.2835	来安县↓4	−0.2824	太湖县↑1	−0.2470
51	太湖县↑2	−0.2940	太湖县	−0.2840	含山县↑1	−0.2487
52	休宁县↑3	−0.3219	含山县↓7	−0.2871	泾　县↓4	−0.2843
53	灵璧县↓16	−0.3291	青阳县↓11	−0.2876	望江县↑1	−0.2897
54	绩溪县↑2	−0.3452	望江县↑1	−0.3234	休宁县↓12	−0.3213

（续表）

排名	2010年		2011年		2012年	
	县（市）	总得分	县（市）	总得分	县（市）	总得分
55	望江县↓9	−0.3696	祁门县↑2	−0.3498	岳西县↑4	−0.3279
56	泗　县↓11	−0.3740	潜山县↓6	−0.3619	郎溪县↓15	−0.3768
57	祁门县	−0.5049	绩溪县↓3	−0.3783	青阳县↓4	−0.4205
58	岳西县↑1	−0.5566	旌德县↑1	−0.4151	旌德县	−0.5113
59	旌德县↓1	−0.5792	岳西县↓1	−0.5137	绩溪县↓2	−0.5611
60	石台县	−0.6818	黟　县↑1	−0.5273	石台县↑1	−0.5727
61	黟　县	−0.7135	石台县↓1	−0.6860	祁门县↓6	−0.5794
62					黟　县↓2	−0.666

排名	2013年		2014年		2015年	
	县（市）	总得分	县（市）	总得分	县（市）	总得分
1	肥西县	0.6784	肥西县	0.8125	肥西县	1.18
2	肥东县	0.7473	肥东县	0.7214	肥东县	0.62
3	怀远县↑1	0.3588	巢湖市↑3	0.5857	长丰县↑4	0.49
4	濉溪县↑9	0.3511	繁昌县↑14	0.5745	天长市↓2	0.48
5	长丰县↓2	0.3231	当涂县↑10	0.5539	无为县↓3	0.47
6	巢湖市↑11	0.3177	天长市↑2	0.5506	濉溪县↑5	0.46
7	庐江县↓4	0.304	长丰县↓2	0.5477	怀远县↑8	0.44
8	天长市↑2	0.2856	无为县↑3	0.5343	宁国市↑1	0.39
9	芜湖县↑12	0.1964	宁国市↑5	0.531	当涂县↓4	0.34
10	霍邱县↓4	0.196	芜湖县↑1	0.4049	萧　县↑15	0.34
11	无为县↓6	0.193	濉溪县↓7	0.3458	广德县↑5	0.34
12	凤台县↑19	0.1801	庐江县↓5	0.3386	庐江县	0.26
13	郎溪县↑43	0.1652	和　县↑30	0.2853	繁昌县↓9	0.26
14	宁国市↑4	0.1562	郎溪县↓1	0.2537	南陵县↑5	0.25
15	当涂县↓8	0.1503	怀远县↓12	0.2385	太和县↑9	0.25
16	砀山县↑21	0.124	广德县↑1	0.2205	固镇县↑15	0.23
17	广德县↑6	0.1119	铜陵县↑9	0.2058	巢湖市↓14	0.2

（续表）

排名	2013年		2014年		2015年	
	县（市）	总得分	县（市）	总得分	县（市）	总得分
18	繁昌县↑9	0.1087	凤台县↓9	0.19	芜湖县↓8	0.19
19	蒙城县	0.1051	南陵县↑33	0.1662	灵璧县↑18	0.19
20	太和县↓8	0.0964	泾　县↑26	0.1329	蒙城县↑7	0.18
21	涡阳县↑8	0.0964	来安县↑16	0.1314	来安县	0.12
22	舒城县↑16	0.0874	含山县↑19	0.0636	定远县↑8	0.11
23	五河县↓9	0.0817	涡阳县↓2	0.0235	含山县↓1	0.1
24	颍上县↓8	0.0607	太和县↓4	−0.016	枞阳县↑23	0.07
25	歙　县↑24	0.0212	萧　县↑8	−0.0033	和　县↓12	0.06
26	铜陵县↑21	−0.0011	霍山县↑18	−0.0064	利辛县↑30	0.05
27	桐城市↓5	−0.0064	蒙城县↓8	−0.0144	霍邱县↑2	0.02
28	利辛县↓13	−0.0152	桐城市↓1	−0.0177	铜陵县↓11	0.01
29	东至县↑13	−0.0228	霍邱县↓19	−0.02	寿　县↑24	0
30	金寨县↑10	−0.028	定远县↑15	−0.0262	泗　县↑21	0
31	界首市↑17	−0.0337	固镇县↑11	−0.0605	临泉县↑24	−0.01
32	宿松县↑12	−0.0355	怀宁县↑24	−0.0748	桐城市↓4	−0.02
33	萧　县↓25	−0.0358	全椒县↑16	−0.0887	阜南县↑13	−0.07
34	潜山县↑11	−0.0421	凤阳县↑2	−0.0924	怀宁县↓2	−0.08
35	阜南县↓7	−0.0487	明光市↑18	−0.1165	霍山县↓9	−0.1
36	凤阳县↓5	−0.0526	青阳县↑19	−0.1178	岳西县↑7	−0.11
37	来安县↓2	−0.0553	灵璧县↑5	−0.1227	五河县↑8	−0.12
38	临泉县↓29	−0.0579	界首市↓7	−0.1293	歙　县↑1	−0.12
39	休宁县↑15	−0.0686	歙　县↓14	−0.1866	颍上县↑13	−0.12
40	固镇县↓14	−0.0735	宿松县↓8	−0.1876	太湖县↑10	−0.13
41	含山县↑10	−0.0822	东至县↓12	−0.1913	砀山县↑7	−0.13
42	灵璧县↓12	−0.0836	舒城县↓20	−0.1981	东至县↓1	−0.14
43	和　县↓4	−0.1091	岳西县↑7	−0.2036	涡阳县↓20	−0.15
44	霍山县	−0.1179	砀山县↓28	−0.205	舒城县↓2	−0.16

（续表）

排名	2013年		2014年		2015年	
	县（市）	总得分	县（市）	总得分	县（市）	总得分
45	定远县↓21	−0.1233	五河县↓22	−0.2236	凤阳县↓11	−0.17
46	泾　县↑6	−0.1284	阜南县↓11	−0.2313	青阳县↓10	−0.21
47	泗　县↓22	−0.1301	枞阳县↑1	−0.2509	郎溪县↓33	−0.21
48	枞阳县↓15	−0.135	休宁县↓9	−0.2521	界首市↓10	−0.21
49	全椒县↓13	−0.147	潜山县↓15	−0.2575	潜山县	−0.23
50	岳西县↓5	−0.1558	太湖县↑1	−0.2616	全椒县↓17	−0.23
51	太湖县↓1	−0.1695	泗　县↓4	−0.2703	宿松县↓11	−0.24
52	南陵县↓9	−0.1749	颍上县↓28	−0.293	望江县↑6	−0.29
53	明光市↓21	−0.1899	寿　县↑6	−0.299	休宁县↓5	−0.32
54	望江县↓1	−0.1912	旌德县↑8	−0.3033	黟　县↑6	−0.34
55	青阳县↑2	−0.2121	临泉县↓17	−0.3328	金寨县↑6	−0.36
56	怀宁县↓22	−0.2486	利辛县↓28	−0.3335	明光市↓21	−0.37
57	绩溪县↑2	−0.2758	绩溪县	−0.3498	祁门县↑2	−0.39
58	祁门县↑3	−0.2808	望江县↓4	−0.3726	石台县↑4	−0.42
59	寿　县↓18	−0.3021	祁门县↓1	−0.4714	泾　县↓39	−0.49
60	黟　县↑2	−0.4077	黟　县	−0.5091	绩溪县↑3	−0.65
61	石台县↓1	−0.5292	金寨县↓31	−0.6587	凤台县↓43	−0.74
62	旌德县↓4	−0.5592	石台县↓1	−0.6772	旌德县↓8	−0.79

排名	2016年		2017年	
	县（市）	总得分	县（市）	总得分
1	肥西县	1.110	肥西县	0.935512
2	肥东县	0.788	肥东县	0.771154
3	无为县↑2	0.626	长丰县↑6	0.729747
4	繁昌县↑9	0.600	天长市↑1	0.515114
5	天长市↓1	0.581	太和县↑1	0.479292
6	太和县↑9	0.539	宁国市↑6	0.455411
7	芜湖县↑11	0.508	和　县↑25	0.436546

（续表）

排名	2016年		2017年	
	县（市）	总得分	县（市）	总得分
8	怀远县↓1	0.476	当涂县↑8	0.34303
9	长丰县↓6	0.471	怀远县↓1	0.337347
10	临泉县↑21	0.380	寿　县↑37	0.311502
11	庐江县↑1	0.332	庐江县	0.295531
12	宁国市↓4	0.318	颍上县↑13	0.218267
13	广德县↓2	0.318	濉溪县↑1	0.215809
14	濉溪县↓8	0.273	无为县↓11	0.20753
15	南陵县↓1	0.247	巢湖市↑3	0.205799
16	当涂县↓7	0.232	临泉县↓6	0.200021
17	蒙城县↑3	0.203	萧　县↑3	0.174714
18	巢湖市↓1	0.199	界首市↑12	0.148699
19	涡阳县↑24	0.185	芜湖县↓12	0.130999
20	萧　县↑10	0.172	涡阳县↓1	0.122363
21	桐城市↑11	0.143	蒙城县↓4	0.111289
22	固镇县↓6	0.125	枞阳县↑34	0.083672
23	铜陵县↑5	0.104	桐城市↓2	0.078097
24	五河县↑13	0.092	定远县↑7	0.074545
25	颍上县↑14	0.090	含山县↑16	0.059641
26	阜南县↑7	0.069	广德县↓13	0.048347
27	砀山县↑14	0.066	砀山县	0.005325
28	利辛县↓2	0.054	泗　县↑7	−0.02592
29	灵璧县↓10	0.014	舒城县↑4	−0.03044
30	界首市↑18	−0.001	阜南县↓4	−0.03927
31	定远县↓9	−0.001	五河县↓7	−0.04149
32	和　县↓7	−0.058	怀宁县↑12	−0.06368
33	舒城县↑11	−0.068	全椒县↑13	−0.06381
34	凤阳县↑11	−0.077	利辛县↓6	−0.06663

（续表）

排名	2016 年		2017 年	
	县（市）	总得分	县（市）	总得分
35	泗　县↓5	−0.081	固镇县↓13	−0.06975
36	明光市↑20	−0.084	凤阳县↓2	−0.07412
37	宿松县↑14	−0.092	太湖县↑5	−0.09105
38	来安县↓17	−0.093	繁昌县↓34	−0.10805
39	郎溪县↑8	−0.151	东至县↑12	−0.11186
40	霍邱县↓13	−0.155	明光市↓4	−0.11241
41	含山县↓18	−0.158	岳西县↑4	−0.12133
42	太湖县↓2	−0.169	灵璧县↓13	−0.12797
43	歙　县↓5	−0.205	宿松县↓6	−0.12991
44	怀宁县↓10	−0.222	南陵县↓29	−0.13797
45	岳西县↓9	−0.231	来安县↓7	−0.14244
46	全椒县↑4	−0.232	潜山县↑3	−0.16935
47	寿　县↑18	−0.237	凤台县↑8	−0.19125
48	金寨县↑7	−0.266	金寨县	−0.20231
49	潜山县	−0.271	郎溪县↓10	−0.23977
50	霍山县↓15	−0.287	歙　县↓7	−0.24557
51	东至县↓9	−0.313	休宁县↑7	−0.24758
52	望江县	−0.371	望江县	−0.29342
53	泾　县↑6	−0.406	泾　县	−0.33483
54	旌德县↑8	−0.444	青阳县↑5	−0.37182
55	凤台县↑6	−0.459	霍邱县↓15	−0.39025
56	枞阳县↓24	−0.476	祁门县↑1	−0.42836
57	祁门县	−0.486	霍山县↓7	−0.44065
58	休宁县↓5	−0.527	绩溪县↑2	−0.48729
59	青阳县↓13	−0.528	黟　县↑2	−0.54156
60	绩溪县	−0.583	石台县↑2	−0.60044
61	黟　县↑7	−0.719	旌德县↓7	−0.90165
62	石台县↑4	−0.832		

从表 3 - 1 可以看出，在连续十四届排名中，位于排名前十的县域总体排名情况变动较小，第一名始终被肥西县和肥东县占据；而在十名之后的位置每届都发生了明显变化，其中有些县域上升速度较快，也存在一些县域在排名上发生较大下滑。在 2017 届排名中，寿县成为综合竞争力排名上升最快的县域，其基本竞争力和人才优势得分分别为－0.0127 和 0.3915，其综合竞争力得分从 2016 届的－0.24 上升到 2016 届的 0.31，排名从第四十七位上升至第十位；综合竞争力排名下降最快的是繁昌县，其产业竞争力和发展速度水平得分分别为 0.442、－0.40。

十四届排名中十二次位列县域经济综合竞争力前十名中的有：当涂县、肥西县；十一次位列县域经济综合竞争力前十名中的有肥西县、无为县、宁国市；九次位列县域经济综合竞争力前十位的是繁昌县；七次位列县域经济竞争力前十位的是芜湖县；六次位列县域经济竞争力前十位的是：怀远县、长丰县。

第二节 基本竞争力前十位的动态变化及评价

安徽省县域经济基本竞争力排名是从 2004 届开始的，至今已排名十四届。基本竞争力前十位的县（市）见表 3 - 2 所列。

表 3 - 2 基本竞争力前十位的县（市）

排名	2004 年	2005 年	2006 年	2007 年	2008 年	2009 年	2010 年
1	宁国市	宁国市	宁国市	宁国市	宁国市	肥西县	肥西县
2	天长市	繁昌县	繁昌县	繁昌县	无为县	当涂县	宁国市
3	桐城市	凤台县	祁门县	祁门县	肥西县	肥东县	当涂县
4	繁昌县	广德县	凤台县	广德县	当涂县	宁国市	繁昌县
5	凤台县	祁门县	芜湖县	凤台县	繁昌县	天长市	芜湖县
6	无为县	桐城市	广德县	当涂县	肥东县	萧　县	天长市
7	当涂县	天长市	当涂县	歙　县	凤台县	凤台县	肥东县
8	广德县	芜湖县	歙　县	铜陵县	桐城市	繁昌县	无为县

（续表）

排名	2004 年	2005 年	2006 年	2007 年	2008 年	2009 年	2010 年
9	肥东县	当涂县	霍山县	芜湖县	芜湖县	芜湖县	铜陵县
10	怀宁县	霍山县	铜陵县	肥西县	天长市	广德县	长丰县
排名	2011 年	2012 年	2013 年	2014 年	2015 年	2016 年	2017 年
1	肥西县	肥西县	肥西县	肥西县	肥西县	肥西县	肥西县
2	繁昌县	当涂县	凤台县	肥东县	肥东县	肥东县	肥东县
3	凤台县	天长市	天长市	宁国市	天长市	天长市	长丰县
4	当涂县	肥东县	当涂县	当涂县	怀远县	繁昌县	天长市
5	芜湖县	宁国市	肥东县	天长市	长丰县	宁国市	当涂县
6	宁国市	长丰县	怀远县	繁昌县	当涂县	无为县	太和县
7	肥东县	五河县	巢湖市	长丰县	太和县	芜湖县	怀远县
8	铜陵县	桐城市	宁国市	芜湖县	庐江县	长丰县	和　县
9	长丰县	芜湖县	无为县	巢湖市	巢湖市	当涂县	无为县
10	天长市	怀远县	繁昌县	凤台县	蒙城县	怀远县	宁国县

连续十四届进入县域经济竞争力前十位的是：当涂县；十三届进入县域经济竞争力前十位的是：宁国市；十二届进入县域经济竞争力前十位的是：天长市；十一届进入县域经济竞争力前十位的是：繁昌县、肥东县、肥西县；十届进入县域经济竞争力前十位的是：芜湖县；九届进入县域经济竞争力前十位的是：凤台县；七届进入县域经济竞争力前十位的是：长丰县；六届进入县域经济竞争力前十位的是：无为县；五届进入县域经济竞争力前十位的是：广德县、怀远县；四届进入县域经济竞争力前十位的是：桐城市、铜陵县；三届进入县域经济竞争力前十位的是：祁门县、巢湖市；两届进入县域经济竞争力前十位的是：霍山县、歙县、太和县。

从表 3－2 来看，从 2004 届至 2008 届，宁国市连续五届位居县域经济发展水平竞争力排名第一位，之后排名开始下降；肥西县凭借雄厚的经济基础和较高的发展速度，自 2009 届开始，连续九届排在第一位，其各种经济指标均名列前茅。近年来马鞍山市和县不断加大第二产业、第三产业投资，例如建设开发和县农商银行，使其 2016 年的非农总产值增加率高达2310%，使其自2004年以来首次进入基本竞争力前十。相对于和县来说，其他各县的排名也有所变动，但其波动不大。

第三节 发展速度竞争力前十位的动态变化及评价

安徽省县域经济发展速度竞争力排名自2009届开始，至今已连续进行九届。发展速度竞争力十强县动态变化见表3-3所列。

表3-3 发展速度竞争力十强县动态变化

排名	2009年	2010年	2011年	2012年	2013年
1	萧　县	肥西县	凤台县	临泉县	巢湖市
2	霍邱县	芜湖县	界首市	太和县	凤台县
3	庐江县	繁昌县	五河县	固镇县	天长市
4	芜湖县	青阳县	灵璧县	泗　县	当涂县
5	绩溪县	砀山县	繁昌县	萧　县	繁昌县
6	蒙城县	长丰县	旌德县	长丰县	含山县
7	望江县	铜陵县	涡阳县	肥东县	界首市
8	和　县	东至县	固镇县	石台县	庐江县
9	铜陵县	郎溪县	阜南县	肥西县	泾　县
10	寿　县	南陵县	郎溪县	灵璧县	全椒县

排名	2014年	2015年	2016年	2017年
1	和　县	萧　县	太和县	和　县
2	界首市	肥西县	南陵县	长丰县
3	巢湖市	黟　县	无为县	全椒县
4	郎溪县	灵璧县	明光市	枞阳县
5	庐江县	太和县	芜湖县	界首市
6	桐城市	濉溪县	繁昌县	肥东县
7	来安县	固镇县	当涂县	寿　县
8	涡阳县	太湖县	砀山县	定远县
9	定远县	岳西县	太湖县	当涂县
10	含山县	含山县	天长市	天长市

四届进入县域经济发展速度竞争力前十位的县域有：繁昌县、界首市；三届进入县域经济发展速度竞争力前十位的县域有：长丰县、郎溪县、固镇县、萧县、肥西县、灵璧县、含山县、芜湖县、和县、庐江县、太和县、砀山县、天长市；两届进入县域经济发展速度竞争力前十位的县域有：铜陵县、寿县、凤台县、涡阳县、肥东县、巢湖市、全椒县、定远县、太湖县、当涂县。

从表 3－3 来看，九届的前十名各不相同，排名发生明显变化。2017 届排名第一的是和县，该县全年完成固定资产投资 291.1 亿元，增长 15.5％；实现进出口总额 2.85 亿美元，增长 79.7％；开发和县农商银行，使其 2016 年的非农总产值增长率高达 2310％。自 2009 年以来枞阳县首次进入发展速度竞争力前十。枞阳县 2016 年进出口总额 4049 万美元，比上年增长 68.1％。其中，出口 3411 万美元，增长 92.5％；进口 638 万美元，增长 0.4％；全年实际利用外商直接投资 3302 万美元，比上年增加 3123 万美元。

第四节　基础设施竞争力前十位的动态变化及评价

从 2009 届至 2017 届，对基础设施竞争力进行了连续九届的排名分析。基础设施竞争力十强县动态变化见表 3－4 所列。

表 3－4　基础设施竞争力十强县动态变化

排名	2009 年	2010 年	2011 年	2012 年	2013 年
1	肥东县	肥东县	肥东县	长丰县	霍邱县
2	肥西县	肥西县	肥西县	怀远县	肥东县
3	凤阳县	歙　县	长丰县	肥西县	肥西县
4	歙　县	怀宁县	当涂县	肥东县	庐江县
5	萧　县	当涂县	庐江县	庐江县	长丰县
6	怀宁县	舒城县	无为县	霍邱县	东至县
7	长丰县	萧　县	萧　县	萧　县	萧　县
8	舒城县	凤阳县	定远县	岳西县	太和县

（续表）

排名	2009 年	2010 年	2011 年	2012 年	2013 年
9	太和县	潜山县	歙　县	太和县	巢湖市
10	当涂县	太和县	太和县	无为县	颍上县

排名	2014 年	2015 年	2016 年	2017 年
1	霍邱县	寿　县	芜湖县	芜湖县
2	肥东县	肥东县	肥西县	萧　县
3	庐江县	长丰县	肥东县	肥东县
4	肥西县	铜陵县	砀山县	肥西县
5	长丰县	砀山县	萧　县	长丰县
6	东至县	泗　县	长丰县	霍邱县
7	太和县	定远县	铜陵县	颍上县
8	巢湖市	巢湖市	天长市	砀山县
9	萧　县	临泉县	岳西县	东至县
10	颍上县	岳西县	南陵县	凤阳县

连续九届都进入县域经济基础设施竞争力前十位的县域是：肥东县；连续八届都进入县域经济基础设施竞争力前十位的县域是：肥西县、萧县、长丰县；连续六届都进入县域经济基础设施竞争力前十位的县域是：太和县；四届进入县域经济基础设施竞争力前十位的县域是：庐江县、霍邱县、岳西县；三届进入县域经济基础设施竞争力前十位的县域是：当涂县、歙县、凤阳县、东至县、巢湖市、颍上县、砀山县；两届进入县域经济基础设施竞争力前十位的县域是：舒城县、怀宁县、无为县、定远县、铜陵县、芜湖县。

从表 3-4 来看，2009 届至 2011 届的前两名一直被肥东县和肥西县占据，之后几名的县域排名顺序也发生了一定改变；在 2012 届排名中，长丰县排名上升到第一位，其通信和交通设施建设均位居全省各县域前列，该县 2011 年互联网用户数和高速公路里程数分别为 9.58 万户和 38.10 千米；在 2014 届排名中，霍邱县继续保持 2013 届的第一名，该县 2013 年国道里程数为 113.20 千米，居全省第三，优势明显。2016 届、2017 届连续两届芜湖县排名第一，其通信设施建设位居全省县域第一；2016 年芜湖县全年实际利用外资 23421 万美元，增长 11.0%。

第五节　资源禀赋竞争力前十位动态变化及评价

安徽省县域资源禀赋竞争力排名自 2009 届开始，已连续排名九届。资源禀赋竞争力十强县动态变化见表 3－5 所列。

表 3－5　资源禀赋竞争力十强县动态变化

排名	2009 年	2010 年	2011 年	2012 年	2013 年
1	无为县	霍邱县	无为县	怀远县	祁门县
2	涡阳县	东至县	利辛县	寿　县	东至县
3	利辛县	寿　县	涡阳县	无为县	休宁县
4	蒙城县	定远县	庐江县	利辛县	金寨县
5	濉溪县	金寨县	东至县	定远县	歙　县
6	东至县	舒城县	蒙城县	濉溪县	铜陵县
7	庐江县	庐江县	广德县	涡阳县	岳西县
8	怀远县	颍上县	金寨县	临泉县	宁国市
9	广德县	无为县	寿　县	蒙城县	石台县
10	宁国市	明光市	怀远县	颍上县	广德县

排名	2014 年	2015 年	2016 年	2017 年
1	霍邱县	霍邱县	霍邱县	祁门县
2	定远县	定远县	金寨县	东至县
3	怀远县	寿　县	寿　县	金寨县
4	肥东县	肥东县	肥东县	休宁县
5	寿　县	明光市	庐江县	歙　县
6	金寨县	怀远县	舒城县	石台县
7	明光市	金寨县	定远县	宁国市
8	颍上县	庐江县	巢湖市	霍邱县
9	庐江县	长丰县	东至县	岳西县
10	蒙城县	东至县	怀远县	泾　县

连续七届进入县域资源禀赋竞争力前十位的县域有：金寨县、东至县；连续六届进入县域资源禀赋竞争力前十位的县域有：庐江县、怀远县；连续五届进入县域资源禀赋竞争力前十位的县域有：霍邱县、寿县、定远县；四届进入县域资源禀赋竞争力前十的县域有：无为县、蒙城县；三届进入县域资源禀赋竞争力前十位的县域有：颍上县、明光市、肥东县、利辛县、涡阳县、广德县、宁国市；两届进入县域资源禀赋竞争力前十位的县域有：舒城县、祁门县、休宁县、歙县、岳西县、石台县。

从表 3-5 来看，由于自然资源限制性，连续九年资源禀赋竞争力排名前十位的县域总体来看变化比较细微，霍邱的矿产资源比较丰富，铁矿、石灰石等 20 多个矿种储量巨大，其中铁矿探明储量高达 25 亿吨，远景储总量 35 亿吨，位居全国第五、华东第一，是全国唯一一座刚刚开发的特大型铁矿，从而连续三届排第一名。金寨县、东至县和祁门县 2017 年资源禀赋竞争力有一定进步，而休宁县和岳西县在 2016 资源禀赋竞争力排名中有所下降，尤其是岳西县已位于第九位。

第六节 产业竞争力前十位动态变化及评价

产业竞争力排名从 2009 届开始，本届已是第九届排名。产业竞争力十强县动态变化见表 3-6 所列。

表 3-6 产业竞争力十强县动态变化

排名	2009 年	2010 年	2011 年	2012 年	2013 年
1	肥西县	肥西县	肥西县	肥西县	肥西县
2	当涂县	当涂县	当涂县	肥东县	肥东县
3	无为县	肥东县	天长市	当涂县	无为县
4	肥东县	无为县	繁昌县	无为县	长丰县
5	繁昌县	芜湖县	芜湖县	长丰县	芜湖县
6	天长市	繁昌县	肥东县	天长市	当涂县
7	凤台县	宁国市	桐城市	繁昌县	濉溪县

（续表）

排名	2009 年	2010 年	2011 年	2012 年	2013 年
8	宁国市	长丰县	长丰县	芜湖县	繁昌县
9	芜湖县	凤台县	无为县	宁国市	怀远县
10	铜陵县	天长市	宁国市	濉溪县	天长市

排名	2014 年	2015 年	2016 年	2017 年
1	肥西县	肥西县	肥西县	肥东县
2	肥东县	天长市	肥东县	肥西县
3	怀远县	肥东县	天长市	长丰县
4	无为县	繁昌县	怀远县	怀远县
5	长丰县	长丰县	长丰县	固镇县
6	濉溪县	芜湖县	繁昌县	界首市
7	芜湖县	当涂县	濉溪县	当涂县
8	繁昌县	宁国市	固镇县	太和县
9	来安县	濉溪县	界首市	五河县
10	巢湖市	南陵县	太和县	繁昌县

连续九届进入县域产业竞争力前十位的县域有：肥西县、繁昌县、肥东县；连续八届进入县域产业竞争力前十位的县域有：长丰县；连续七届进入县域产业竞争力前十位的县域有：当涂县、芜湖县；连续六届进入县域产业竞争力前十位的县域有无为县、天长市；连续五届进入县域产业竞争力前十位的县域有濉溪县、宁国市；连续四届进入县域产业竞争力前十位的县域是怀远县；连续两届进入县域产业竞争力前十位的县域是固镇县和太和县。

从表 3－6 来看，连续九届进入产业竞争力排名前十位的县域没有较大的变动，这些县域的经济均具备扎实的增长动力，在综合竞争力排名中也都位于前列。其中，肥西县凭借第二产业和第三产业的优势，连续八年排名第一，其 2015 年的第二产业和第三产业年增加值分别达到 46.48 亿元和 12.49 亿元，规模以上工业企业数为 714 个。肥东县二三产增加值、二三产占 GDP 比重、规模以上工业企业个数在全省均位居前列，较好地拉动了产业竞争力的提升，在 2017 届排名中上升到了第一位。

第七节 人才优势竞争力前十位的动态变化及评价

自2009届开始对安徽省县域人才优势竞争力进行排名，已连续进行九届。人才优势竞争力十强县动态变化见表3-7所列。

表3-7 人才优势竞争力十强县动态变化

排名	2009年	2010年	2011年	2012年	2013年
1	肥西县	肥东县	肥西县	肥西县	肥西县
2	临泉县	肥西县	无为县	临泉县	临泉县
3	涡阳县	无为县	肥东县	颍上县	怀远县
4	无为县	怀远县	怀远县	霍邱县	无为县
5	霍邱县	临泉县	霍邱县	无为县	霍邱县
6	肥东县	繁昌县	临泉县	太和县	肥东县
7	颍上县	霍邱县	天长市	怀远县	颍上县
8	萧　县	芜湖县	萧　县	涡阳县	庐江县
9	太和县	天长市	涡阳县	肥东县	太和县
10	利辛县	涡阳县	长丰县	利辛县	利辛县

排名	2014年	2015年	2016年	2017年
1	无为县	无为县	无为县	庐江县
2	怀远县	庐江县	庐江县	无为县
3	庐江县	肥西县	肥东县	肥东县
4	肥西县	肥东县	肥西县	巢湖市
5	肥东县	巢湖市	巢湖市	长丰县
6	巢湖市	怀远县	怀远县	肥西县
7	临泉县	长丰县	长丰县	怀远县
8	长丰县	霍邱县	霍邱县	临泉县
9	濉溪县	南陵县	宿松县	太和县
10	霍邱县	濉溪县	临泉县	霍邱县

连续九届进入县域人才优势竞争力前十位的县域有：肥西县、肥

东县、无为县、霍邱县；连续八届进入县域人才优势竞争力前十位的县域有：怀远县、临泉县；连续五届进入县域人才优势竞争力前十位的县域有：庐江县、长丰县；四届进入县域人才优势竞争力前十位的县域有巢湖市、太和县、涡阳县；三届进入县域人才优势竞争力前十位的县域有颍上县、利辛县；两届进入县域人才优势竞争力前十位的县域有天长市、濉溪县、萧县。

综合来看，近九年以来安徽县域人才优势竞争力排名变化不大。其中庐江县自 2013 年开始连续保持排名上升趋势，其优势在于科技创新能力不断增强。该县的专利申请量和授权量在 2017 年分别达到 8398 件和 3164 件，都位居安徽省前列。依靠人才方面的优势，庐江县近些年发展速度也有所提升，这也充分显示出人才资源对县域发展的重要性。

第八节 发展活力竞争力前十位的动态及评价

安徽省县域发展活力竞争力排名自 2004 年开始，至今已排名十四届。发展活力竞争力十强县动态变化见表 3－8 所列。

表 3－8 发展活力竞争力十强县动态变化

排名	2004 年	2005 年	2006 年	2007 年	2008 年	2009 年	2010 年
1	宁国市	绩溪县	绩溪县	宁国市	繁昌县	天长市	天长市
2	繁昌县	宁国市	宁国市	天长市	肥西县	萧　县	宁国市
3	绩溪县	繁昌县	芜湖县	凤台县	霍山县	和　县	繁昌县
4	天长市	广德县	当涂县	肥西县	当涂县	广德县	当涂县
5	芜湖县	泾　县	天长市	无为县	天长市	寿　县	和　县
6	桐城市	桐城市	繁昌县	广德县	宁国市	当涂县	广德县
7	郎溪县	芜湖县	广德县	繁昌县	无为县	宁国市	肥西县
8	当涂县	当涂县	歙　县	当涂县	桐城市	蒙城县	芜湖县
9	来安县	郎溪县	无为县	芜湖县	芜湖县	太和县	无为县
10	霍山县	霍山县	桐城市	桐城市	南陵县	望江县	凤台县

（续表）

排名	2011 年	2012 年	2013 年	2014 年	2015 年	2016 年	2017 年
1	天长市	天长市	天长市	泾　县	肥西县	肥西县	肥西县
2	灵璧县	宁国市	宁国市	铜陵县	石台县	繁昌县	天长市
3	肥西县	肥西县	砀山县	濉溪县	萧　县	宁国市	和　县
4	宁国市	凤台县	肥西县	灵璧县	无为县	天长市	巢湖市
5	和　县	巢湖市	凤台县	天长市	黟县	无为县	宁国市
6	无为县	太和县	芜湖县	宁国市	天长市	当涂县	长丰县
7	广德县	广德县	广德县	肥东县	芜湖县	芜湖县	濉溪县
8	肥东县	肥东县	肥东县	肥西县	枞阳县	广德县	肥东县
9	凤台县	阜南县	怀远县	无为县	岳西县	南陵县	太和县
10	界首市	当涂县	濉溪县	巢湖市	灵璧县	太和县	广德县

十三次进入县域经济发展活力前十位的县域是：宁国市、天长市；十次进入县域经济发展活力前十位的县域是：肥西、广德县；九次进入县域经济发展活力竞争力前十位的是：芜湖县、当涂县；八次进入县域经济发展活力竞争力前十位的是：无为县；七次进入县域经济发展活力竞争力前十位的是：繁昌县；五次进入县域经济发展活力竞争力前十位的是：桐城市、凤台县、肥东县；四次进入县域经济发展活力竞争力前十位的是：和县；三次进入县域经济发展活力竞争力前十位的是：霍山县、太和县、绩溪县、灵璧县、巢湖市；两次进入县域经济发展活力竞争力前十位的是：濉溪县、南陵县、郎溪县、泾县、萧县。长丰县首次进入县域经济发展活力竞争力前十。

从表 3－8 看，在 2004 届到 2008 届的五届排名中，宁国市，绩溪县，繁昌县交替排第一位，之后九名的县域也基本固定，只是位置先后有所变动；从 2009 届开始到 2013 届，天长市一直排名第一；2014 届泾县位列第一，而 2015 届至 2017 届，肥西县连续三年位列第一，2016 年肥西县全社会固定资产投资达到 590.7 亿元，增长率达到 11.0％；实际利用外资 19067 万美元，比上年增长 14.5％。和县继 2011 年后再次进入县域经济发展活力竞争力前十，位居第三。其主要原因是大力支持贸易，实现进出口总额 2.85 亿美元，比上年增长

79.2%。其中，出口 2.14 亿美元，增长 85.2%；进口 0.71 亿美元，增长 63.1%。全年出口总额过百万的企业 22 家，较上年增加 9 家，共实现出口总额 2.10 亿美元。长丰县首次进入县域经济发展活力竞争力前十。长丰县今年来大力发展金融贸易，2016 年进出口总额为 39993 万美元，比上年增长 28.2%。其中出口总额为 31667 万美元，比上年增长 33.2%。

第九节　环境保护能力竞争力前十位的动态变化及评价

安徽省县域环境保护能力竞争力排名自 2009 届开始，已连续排名九届。环境保护能力竞争力十强县动态变化见表 3－9 所列。

表 3－9　环境保护能力竞争力十强县动态变化

排名	2009 年	2010 年	2011 年	2012 年	2013 年
1	当涂县	当涂县	当涂县	全椒县	黟　县
2	铜陵县	铜陵县	凤台县	东至县	祁门县
3	凤台县	凤台县	铜陵县	蒙城县	歙　县
4	东至县	濉溪县	青阳县	无为县	休宁县
5	濉溪县	怀远县	石台县	和　县	灵璧县
6	石台县	五河县	东至县	含山县	萧　县
7	青阳县	无为县	濉溪县	石台县	霍山县
8	祁门县	庐江县	五河县	铜陵县	太湖县
9	休宁县	和　县	固镇县	濉溪县	枞阳县
10	歙　县	含山县	怀远县	肥东县	潜山县

排名	2014 年	2015 年	2016 年	2017 年
1	祁门县	祁门县	铜陵县	和　县
2	休宁县	休宁县	祁门县	含山县
3	歙　县	歙　县	休宁县	当涂县
4	黟　县	黟　县	歙　县	寿　县
5	金寨县	庐江县	黟　县	濉溪县

（续表）

排名	2014 年	2015 年	2016 年	2017 年
6	霍邱县	肥东县	庐江县	凤台县
7	寿　县	巢湖市	肥东县	枞阳县
8	舒城县	长丰县	巢湖市	怀远县
9	霍山县	肥西县	长丰县	蒙城县
10	东至县	无为县	肥西县	涡阳县

累计四届进入县域环境保护能力竞争力前十位的县域有铜陵县、休宁县、濉溪县、肥东县、无为县、黟县、歙县和祁门县；累计三届进入县域环境保护能力竞争力前十位的县域有当涂县、凤台县、肥西县、怀远县、东至县、庐江县、和县、含山县；两届进入县域环境保护能力竞争力前十位的县域有五河县、石台县、蒙城县、霍山县、枞阳县、寿县、巢湖市、长丰县。

从表 3－9 来看，2009 届、2010 届、2011 届，当涂县连续三届排名第一；祁门县凭借土地绿化方面的优势，于 2014 届、2015 届连续排名第一名；长丰县 2014 年的绿化面积为 2964 公顷，位于全省前列，但该县废水和固体物排放量还较高，在能耗方面仍需改进；铜陵县（义安区）累计有五届进入县域环境保护能力竞争力前十位，在 2016 届更是排名首位，其全年环境污染治理完成投资总额 2594 万元，比上年增长 10.9％。全年城区空气质量优良以上天数 287 天，城区生活垃圾无害化处理率保持 100％。可吸入颗粒物（PM10）年平均浓度下降 6.5％。工业企业污染物达标排放率 98.6％，工业废水排放达标率 97.5％，工业烟尘排放量达标率 100％。

第十节　政府能动性竞争力前十位的动态变化及评价

安徽省县域经济基本竞争力排名从 2009 届开始，到 2017 届已排名九届。县域政府能动性竞争力十强县动态变化见表 3－10 所列。

表 3－10 县域政府能动性竞争力十强县动态变化

排名	2009 年	2010 年	2011 年	2012 年	2013 年
1	铜陵县	黟县	铜陵县	濉溪县	宁国市
2	繁昌县	宁国市	当涂县	临泉县	铜陵县
3	黟　县	祁门县	繁昌县	肥东县	繁昌县
4	石台县	绩溪县	霍山县	颍上县	广德县
5	霍山县	芜湖县	广德县	太和县	芜湖县
6	含山县	铜陵县	肥东县	肥西县	当涂县
7	祁门县	繁昌县	宁国市	无为县	青阳县
8	肥西县	青阳县	芜湖县	庐江县	天长市
9	广德县	霍山县	蒙城县	霍邱县	濉溪县
10	和　县	石台县	濉溪县	宁国市	肥西县

排名	2014 年	2015 年	2016 年	2017 年
1	宁国市	宁国市	广德县	天长市
2	繁昌县	繁昌县	繁昌县	太和县
3	当涂县	广德县	临泉县	怀远县
4	广德县	当涂县	肥东县	长丰县
5	天长市	南陵县	怀远县	太湖县
6	郎溪县	天长市	无为县	无为县
7	芜湖县	肥西县	定远县	颍上县
8	霍山县	芜湖县	太和县	界首市
9	含山县	霍山县	肥西县	凤台县
10	无为县	来安县	凤阳县	寿　县

七届进入县域政府能动性竞争力前十位的县域有繁昌县；六届进入县域政府能动性竞争力前十位的县域有宁国县、广德县；五届进入县域政府能动性竞争力前十位的县域有芜湖县、肥西县；四届进入县域政府能动性竞争力前十位的县域有天长市、当涂县、铜陵县、无为县；三届进入县域政府能动性竞争力前十位的县域有太和县、肥东县；两届进入县域政府能动性竞争力前十位的县域有怀远县、黟县、石台

县、祁门县、临泉县。

从表 3 - 10 来看，凭借着财政支出的合理性和机构的完整性，宁国市政府能动性竞争力排名在 2013 届至 2015 届连续三届排列第一位，其在人均科教文卫事业费用方面财政支出达到 2842 元，公务员工资福利方面的财政支出在 2014 年占总支出 13.88%，但是在 2016 届跌出前十位。天长市 2017 年位于政府竞争力第一，2017 年科教文卫增长率达 24.89%，地区财政收入位于全省前列高达 41.3 亿元，地区财政支出达 19.66 亿元，其中教育支出达 8.4 亿元，占比 42.73%，医疗卫生支出 8.63 亿元。民生民本支出的增长让全县人民更多地享受到改革发展带来的成果和实惠。

第十一节 社会发展水平竞争力前十位的动态变化及评价

安徽省县域社会发展水平竞争力排名自 2009 届开始，已连续排名九届。社会发展水平竞争力十强县动态变化见表 3 - 11 所列。

表 3 - 11 社会发展水平竞争力十强县动态变化

排名	2009 年	2010 年	2011 年	2012 年	2013 年
1	肥西县	肥西县	肥西县	临泉县	舒城县
2	肥东县	铜陵县	怀远县	濉溪县	郎溪县
3	怀远县	肥东县	肥东县	肥东县	庐江县
4	凤台县	凤台县	无为县	颍上县	太和县
5	无为县	繁昌县	铜陵县	太和县	肥东县
6	铜陵县	宁国市	当涂县	巢湖市	五河县
7	濉溪县	长丰县	霍邱县	霍邱县	泗　县
8	繁昌县	当涂县	濉溪县	怀远县	霍邱县
9	长丰县	祁门县	长丰县	无为县	颍上县
10	和　县	桐城市	繁昌县	寿　县	灵璧县

（续表）

排名	2014 年	2015 年	2016 年	2017 年
1	繁昌县	临泉县	临泉县	寿　县
2	宁国市	太和县	利辛县	太和县
3	当涂县	利辛县	霍邱县	怀远县
4	郎溪县	涡阳县	太和县	临泉县
5	广德县	蒙城县	颍上县	颍上县
6	天长市	无为县	阜南县	萧　县
7	含山县	霍邱县	涡阳县	利辛县
8	霍山县	萧　县	萧　县	涡阳县
9	石台县	濉溪县	灵璧县	阜南县
10	青阳县	颍上县	蒙城县	灵璧县

连续五届都进入县域社会发展水平竞争力前十位的县域有肥东县、颍上县、太和县；四届都进入县域社会发展水平竞争力前十位的县域有繁昌县、无为县、濉溪县、霍邱县、临泉县、怀远县；三届进入县域社会发展水平竞争力前十位的县域有肥西县、铜陵县、长丰县、利辛县、涡阳县、萧县。

从表 3 - 11 来看，肥西县从 2009 届至 2011 届一直排名首位；2014 届繁昌县科教文卫财政支出大幅增加，较 2013 届提高了 22.40%，社会发展水平得到了显著提升，排名也上升到了第一位。临泉县在 2015 届和 2016 届连续两届排名第一位，其在 2014 年高中阶段在校人数名列第一，科教文卫支出也是名列前茅，2017 年宁国市科教文卫财政支出大幅增加，较 2016 年增长了 11.67%。

第十二节　投资环境优势竞争力前十位的动态变化及评价

安徽省县域投资环境优势竞争力排名自 2009 届开始，已连续排名九届。投资环境优势竞争力十强县动态变化见表 3 - 12 所列。

表 3-12 投资环境优势竞争力十强县动态变化

排名	2009 年	2010 年	2011 年	2012 年	2013 年
1	当涂县	肥西县	肥西县	肥西县	肥西县
2	无为县	无为县	无为县	肥东县	肥东县
3	肥西县	当涂县	肥东县	无为县	无为县
4	肥东县	肥东县	当涂县	怀远县	濉溪县
5	濉溪县	霍邱县	怀远县	长丰县	巢湖市
6	怀远县	怀远县	凤台县	霍邱县	怀远县
7	涡阳县	凤台县	濉溪县	庐江县	长丰县
8	凤台县	天长市	长丰县	濉溪县	庐江县
9	萧　县	萧　县	庐江县	临泉县	宁国市
10	霍邱县	濉溪县	广德县	颍上县	天长市

排名	2014 年	2015 年	2016 年	2017 年
1	肥西县	肥西县	无为县	肥西县
2	肥东县	肥东县	肥西县	肥东县
3	无为县	无为县	太和县	长丰县
4	宁国市	长丰县	临泉县	天长市
5	怀远县	天长市	涡阳县	太和县
6	巢湖市	怀远市	庐江县	庐江县
7	濉溪县	濉溪县	颍上县	寿　县
8	当涂县	庐江县	肥东县	濉溪县
9	繁昌县	萧　县	阜南县	怀远县
10	长丰县	南陵县	桐城市	宁国市

连续九届进入县域投资环境优势竞争力前十位的县域有肥西县、肥东县；连续八届进入县域投资环境优势竞争力前十位的县域有无为县、濉溪县、怀远县；六届进入县域投资环境优势竞争力前十位的县域有长丰县、庐江县；四届进入县域投资环境优势竞争力前十位的县域有天长市；三届进入县域投资环境优势竞争力前十位的县域有凤台县、霍邱县、萧县、宁国市。

从表 3－12 来看，从 2009 届至今，肥西县投资环境竞争力一直位于安徽省县域的前三位，2010 届至 2015 届更是连续六届位于首位，2016 届有所下降担仍然排在第二位，2017 届又上升为第一名。

第十三节　特色经济竞争力前十位的动态变化及评价

安徽省县域特色经济竞争力排名从 2011 届才开始的，特色经济竞争力十强县动态变化见表 3－13 所列。

表 3－13　特色经济竞争力十强县动态变化

排名	2011 年	2012 年	2013 年	2014 年	2015 年	2016 年	2017 年
1	肥西县	当涂县	当涂县	肥东县	当涂县	桐城市	和　县
2	广德县	肥西县	肥东县	长丰县	和　县	肥西县	含山县
3	肥东县	肥东县	长丰县	肥西县	含山县	当涂县	当涂县
4	歙　县	无为县	濉溪县	无为县	濉溪县	繁昌县	界首市
5	界首市	繁昌县	五河县	繁昌县	肥东县	肥东县	太和县
6	长丰县	天长市	怀远县	凤台县	铜陵县	天长市	长丰县
7	宁国市	长丰县	含山县	当涂县	肥西县	长丰县	繁昌县
8	定远县	芜湖县	和　县	天长市	繁昌县	芜湖县	肥西县
9	萧　县	桐城市	肥西县	怀远县	天长市	和　县	天长市
10	太和县	宁国市	固镇县	濉溪县	界首市	宁国市	肥东县

连续七届进入县域投资环境优势竞争力前十位的县域有肥西县；累计六届进入县域投资环境优势竞争力前十位的县域有长丰县、肥东县；累计五届进入县域投资环境优势竞争力前十位的县域有当涂县、繁昌县、天长市。

从表 3－13 来看，2017 排名第一的为和县。众所周知，主导产业和特色产业对一个地区的经济带动能力很强，和县 2016 年特色产业产值达到了 31.04 亿元，主导产业增速为 16.5％。从表中我们发现，投资环境竞争力前十位的县域经济发展水平都较高，充分说明有效壮大主导产业和特色产业，能够充分带动地区的经济发展。

第十四节　城乡协调竞争力前十位的动态分析变化及评价

安徽省城乡协调竞争力排名从 2012 届开始，城乡协调竞争力十强县动态变化见表 3-14 所列。

表 3-14　城乡协调竞争力十强县动态变化

排名	2012 年	2013 年	2014 年	2015 年	2016 年	2017 年
1	濉溪县	繁昌县	旌德县	繁昌县	繁昌县	肥西县
2	铜陵县	凤台县	繁昌县	宁国市	南陵县	繁昌县
3	无为县	黟　县	当涂县	肥西县	芜湖县	宁国市
4	凤台县	巢湖市	凤台县	铜陵县	宁国市	当涂县
5	和　县	铜陵县	铜陵县	芜湖县	肥西县	巢湖市
6	当涂县	宁国市	肥西县	当涂县	当涂县	和　县
7	东至县	肥西县	巢湖市	巢湖市	天长市	含山县
8	含山县	当涂县	天长市	南陵县	广德县	天长市
9	怀远市	芜湖县	芜湖县	青阳县	巢湖市	广德县
10	歙　县	来安县	宁国市	天长市	黟　县	芜湖县

连续六届进入县域城乡协调竞争力前十位的县域有：当涂县；连续五届进入县域城乡协调竞争力前十位的县域有：繁昌县、芜湖县、宁国市、肥西县、巢湖市；连续四届进入县域城乡协调竞争力前十位的县域有天长市、铜陵县。

从表 3-14 来看，从 2013 届开始，繁昌县一直位于前列，其中三届排名第一位，农村家庭可支配收入和城市化率在所有县里一直位于前列，城乡竞争优势非常明显。2017 届和县从前十名外进入榜单，并排第六名，乡镇数目仅有 9 个，城乡居民收入可观，农村居民人均纯收入为 15658 元，产业非农化率和就业人口产业化率分别达到 0.84 和

0.05，从而使得和县在促进城乡协调方面相对其他县表现出色。连续五届在城乡协调竞争力方面均位列前十的肥西县，2017 届上升为第一名，产业非农化率和就业人口产业化率分别达 0.91 和 0.1，在所有县里位于前列，城乡竞争优势非常明显。连续五届都进入县域城乡协调竞争力前十位的繁昌县、芜湖县、宁国市、巢湖市的农村家庭可支配收入和城市化率在所有县里一直位于前列，城乡竞争优势非常明显。2016 年位于第二的南陵县下降至 16 名，可支配收入和提高就业人口产业化方面的上升空间较大，其潜力还是十分巨大的。

第四章　安徽县域经济竞争力空间分布[①]

第一节　综合竞争力排名空间分布

根据2010—2016年安徽县域综合竞争力的排序，归纳出安徽省县域综合竞争力空间分布，见表4－1所列。

表4－1　安徽省县域综合竞争力空间分布

地区	类型	2010年		2012年(1)		2014年		2016年(2)	
		总县数	县数	总县数	县数	总县数	县数	总县数	县数
皖北	上游区	17	3	17	0	17	3	18	3
	中上游区		9		8		7		10
	中下游区		5		7		6		5
	下游区		0		2		1		0
皖中	上游区	26	4	24	5	24	4	22	4
	中上游区		5		6		7		5
	中下游区		13		10		11		10
	下游区		4		3		2		3
皖南	上游区	18	3	21	5	21	3	21	3
	中上游区		6		7		7		5
	中下游区		3		4		4		6
	下游区		6		5		7		7

(1) 2011年起巢湖市、庐江县划分到合肥市；和县、含山县划分到马鞍山市；无为县划分到芜湖市。

(2) 2015年起枞阳县从安庆市划分到铜陵市，取消铜陵县；寿县从六安市划分到淮南市。

① 本章将选取综合竞争力、基本竞争力和投资环境竞争力等三个综合性的竞争力进行空间分布分析。

一、皖北地区县域综合竞争力空间演化

皖北地区县域包括宿州市（萧县、砀山县、灵璧县、泗县）、淮北市（濉溪县）、蚌埠市（怀远县、五河县、固镇县）、阜阳市（临泉县、太和县、阜南县、颍上县、界首市），淮南市（凤台县、寿县）、亳州（涡阳县、蒙城县、利辛县）等18个县（市）（2016年安徽县域划分数据）。从2010年、2012年、2014年、2016年安徽省县域经济处于县域综合空间演化格局来看，总体发展水平较为稳定，所辖的县域在2010年上游、中上游、中下游、下游的分布个数分别为3个、9个、5个、0个，而2016年为3个、10个、5个、0个，相较于2010年皖北排名各区域的县域数量变化较小（图4-1～图4-2）。

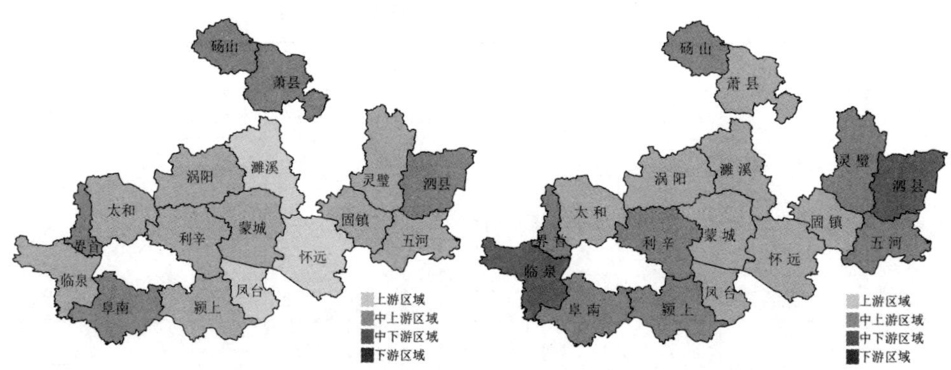

图4-1　2010（左）、2012（右）皖北地区县域综合竞争力分布

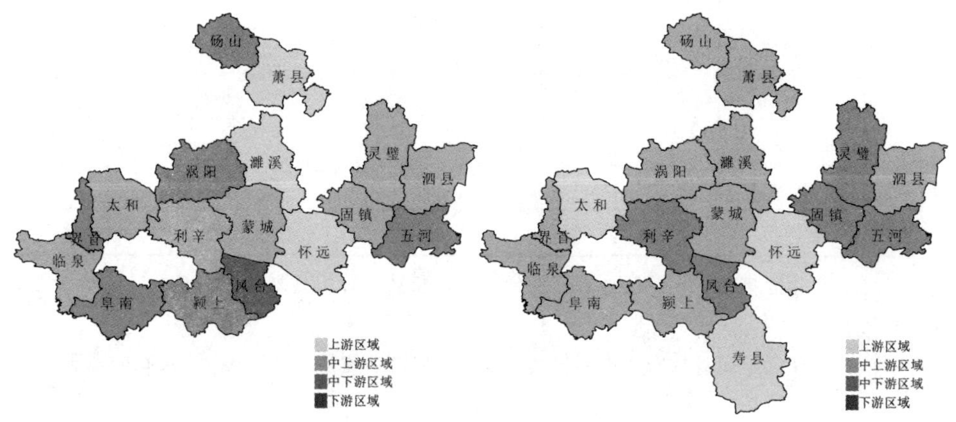

图4-2　2014（左）、2016（右）皖北地区县域综合竞争力分布

从 2010—2016 年皖北地区县域综合竞争力演变趋势可以看出：皖北地区片状分布特征较明显，综合竞争力相对较强，以上游和中上游区域为主。

二、皖中地区县域综合竞争力空间演化

皖中地区县域包括合肥市（长丰县、肥东县、肥西县、庐江县、巢湖市）、六安市（霍邱县、舒城县、金寨县、霍山县）、滁州市（来安县、全椒县、定远县、凤阳县、天长市、明光市）、安庆市（怀宁县、潜山县、太湖县、宿松县、望江县、岳西县、桐城市）等 22 个县（市）（2016 年安徽县域划分数据）。从 2010—2016 年的皖中县域综合竞争力排名来看，皖中地区一直处于全省前列，2016 年县域上游、中上游、中下游、下游的分布个数分别为 4 个、5 个、10 个、3 个，相较于 2010 年上游区和中上游区数量不变，中下游和下游区域分别减少 3 个和 1 个（图 4 - 3～图 4 - 4）。由此可以看出皖中地区经济在安徽省仍处于优势地位，并且优势地位有长期稳固的趋势。

从 2010—2016 年皖中县域综合竞争力演变趋势可以看出：皖中地区呈现“中间高，东西低”的特征。中间高是指以合肥市为中心的周边县域处于综合竞争力上游的优势地位，而东西低指的位于滁州市（东）和六安市（西）所辖县域综合竞争力处于中下游及下游区域。

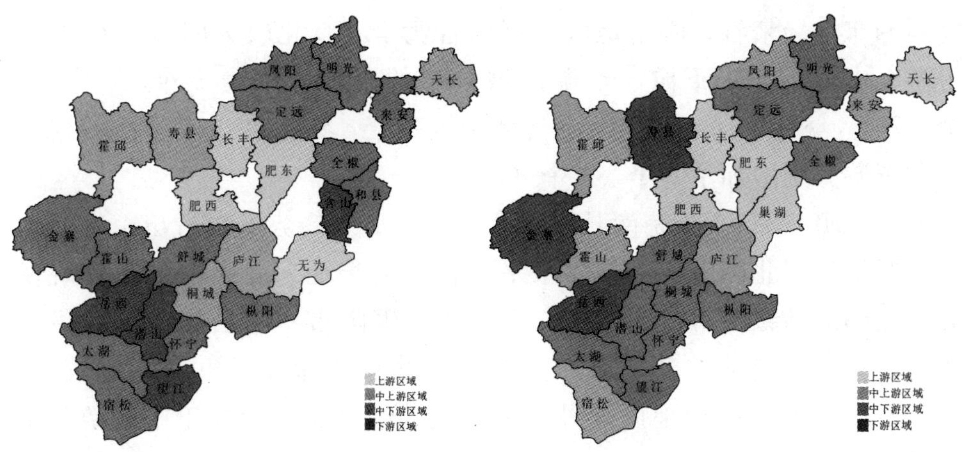

图 4 - 3　2010（左）、2012（右）皖中地区县域综合竞争力分布

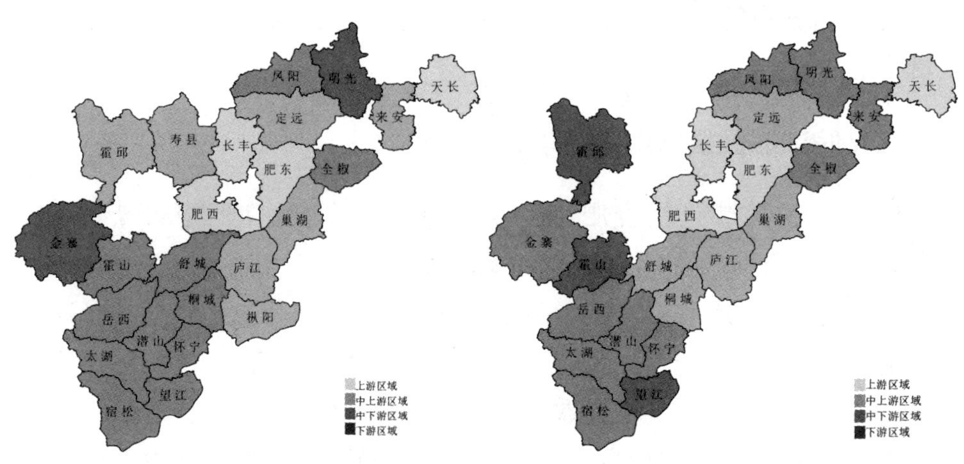

图 4-4 2014（左）、2016（右）皖中地区县域综合竞争力分布

三、皖南地区县域综合竞争力空间演化

皖南地区县域包括马鞍山市（当涂县、含山县、和县）、芜湖市（芜湖县、繁昌县、南陵县、无为县）、宣城市（郎溪县、泾县、绩溪县、旌德县、宁国市、广德县）、铜陵市（枞阳县），池州市（东至县、石台县、青阳县）、黄山市（歙县、休宁县、黟县、祁门县）等 21 个县（市）（2016 年安徽县域划分数据）。从 2010—2016 年综合竞争力空间分布格局来看，皖南地区县域综合竞争力变化较为明显。2016 年上游、中上游、中下游、下游区域分布的个数分别为 3 个、5 个、6 个、7 个，相较于 2010 年上游县域个数不变，中游减少了 1 个，中下游和下游分别增加了 3 个、1 个（图 4-5～图 4-6）。

从 2010—2016 年皖南县域综合竞争力演变趋势可以看出：皖南地区主要呈现“北高南低，整体水平较低”的特征。北高南低是指皖南地区北部的马鞍山市、芜湖市、宣城市、铜陵市所辖县域综合竞争力相对较强，而南部的黄山市、池州市所辖县域综合竞争力相对较弱。2010—2016 年，皖南地区超过一半县域的综合竞争力处于中下游和下游区域，综合竞争力整体水平相对较低。

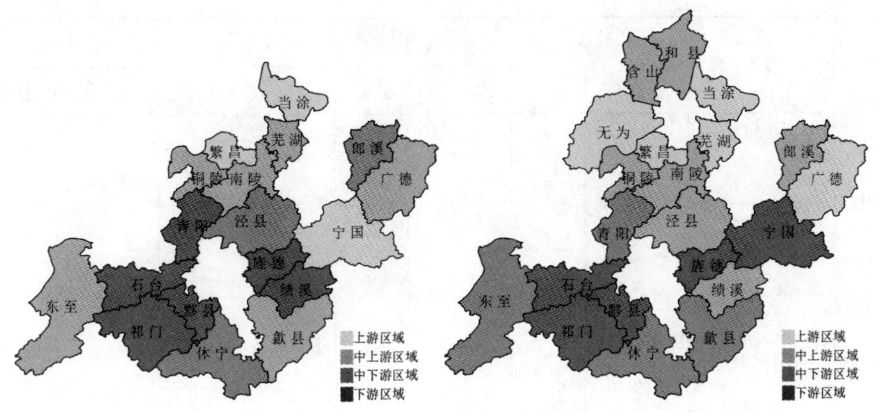

图 4-5　2010（左）、2012（右）皖南地区县域综合竞争力分布

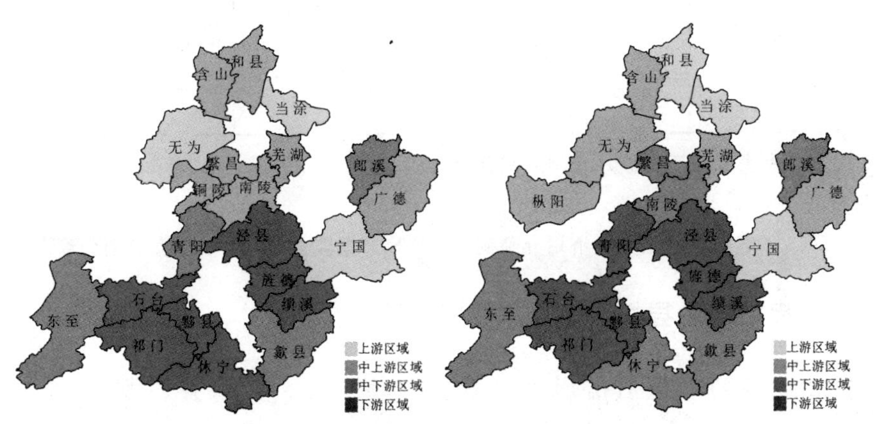

图 4-6　2014（左）、2016（右）皖南地区县域综合竞争力分布

第二节　基本竞争力空间分布

根据 2010—2016 年县域基本竞争力的排序，归纳出安徽省县域基本竞争力空间分布（表 4-2）。

表 4-2 安徽省县域基本竞争力空间分布

地区	类型	2010 年		2012 年(1)		2014 年		2016 年(2)	
		总县数	县数	总县数	县数	总县数	县数	总县数	县数
皖北	上游区	17	1	17	1	17	3	18	2
	中上游区		9		5		8		10
	中下游区		3		8		5		6
	下游区		4		3		1		0
皖中	上游区	26	4	24	5	24	6	22	4
	中上游区		7		7		5		6
	中下游区		11		8		10		8
	下游区		4		4		3		4
皖南	上游区	18	5	21	4	21	1	21	4
	中上游区		4		9		8		5
	中下游区		7		5		6		6
	下游区		2		3		6		6

(1) 2011 年起巢湖市、庐江县划分到合肥市；和县、含山县划分到马鞍山市；无为县划分到芜湖市。

(2) 2015 年起枞阳县从安庆市划分到铜陵市，取消铜陵县；寿县从六安市划分到淮南市。

一、皖北地区县域基本竞争力空间演化

皖北地区县域包括宿州市（萧县、砀山县、灵璧县、泗县）、淮北市（濉溪县）、蚌埠市（怀远县、五河县、固镇县）、阜阳市（临泉县、太和县、阜南县、颍上县、界首市），淮南市（凤台县、寿县）、亳州（涡阳县、蒙城县、利辛县）等 18 个县（市）（2016 年安徽县域划分数据）。从 2010—2016 年的皖北地区县域基本竞争力排名来看，皖北地区基本竞争力稳中有进。2016 年上游、中上游、中下游、下游的分布县域个数分别为 2 个、10 个、6 个、0 个，与 2010 年相比该地区处于下游的四个县域全部升级，其中太和县升级到上游区域，萧县和临泉县升级到中上游区域，而砀山县也升级到中下游区域（图 4-7～图 4-8）。中游区域县市数量增加幅度较明显，此外，排名上游区域县市数量也增加了 1 个，表明此阶段皖北地区的基本竞争力进步显著，

尤其是该区域的萧县、临泉县、太和县。

从2010—2016年皖北地区县域基本竞争力演变趋势可以看出：皖北地区呈现出“中间高，四周低”的空间分布特征。中间高是指处于该区域中间位置的蚌埠、亳州、宿州等周围县域基本竞争力处于相对优势地位，而处于皖北地区周围县域基本竞争力相对较弱。

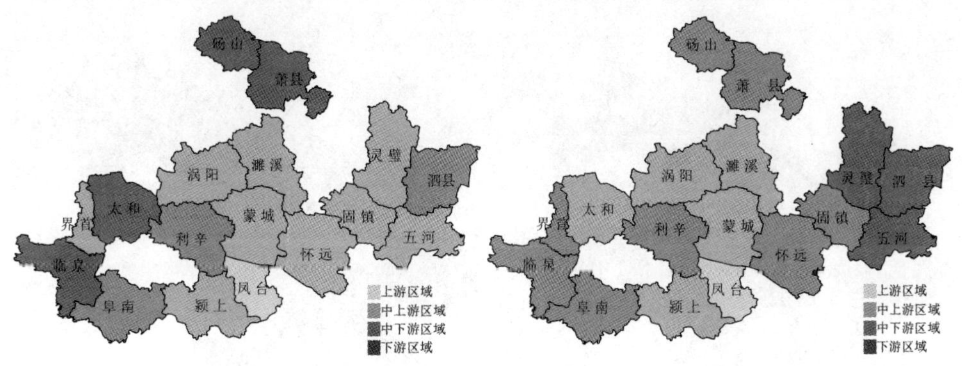

图4-7　2010（左）、2012（右）皖北地区县域基本竞争力分布

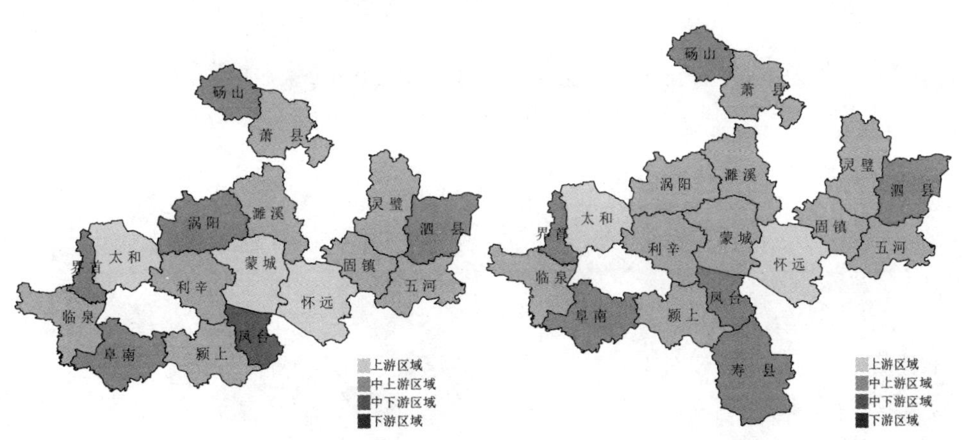

图4-8　2014（左）、2016（右）皖北地区县域基本竞争力分布

二、皖中地区县域基本竞争力空间演化

皖中地区县域包括合肥市（长丰县、肥东县、肥西县、庐江县、巢湖市）、六安市（霍邱县、舒城县、金寨县、霍山县）、滁州市（来

安县、全椒县、定远县、凤阳县、天长市、明光市)、安庆市(怀宁县、潜山县、太湖县、宿松县、望江县、岳西县、桐城市)等22个县(市)(2016年安徽县域划分数据)。2010—2016年皖中地区基本竞争力排名空间演化结果表明皖中地区变化明显。所辖的县域在2010年上游、中上游、中下游、下游的分布个数分别为5个、4个、7个、2个,到2016年分别为4个、6个、8个、4个(图4-9~图4-10)。

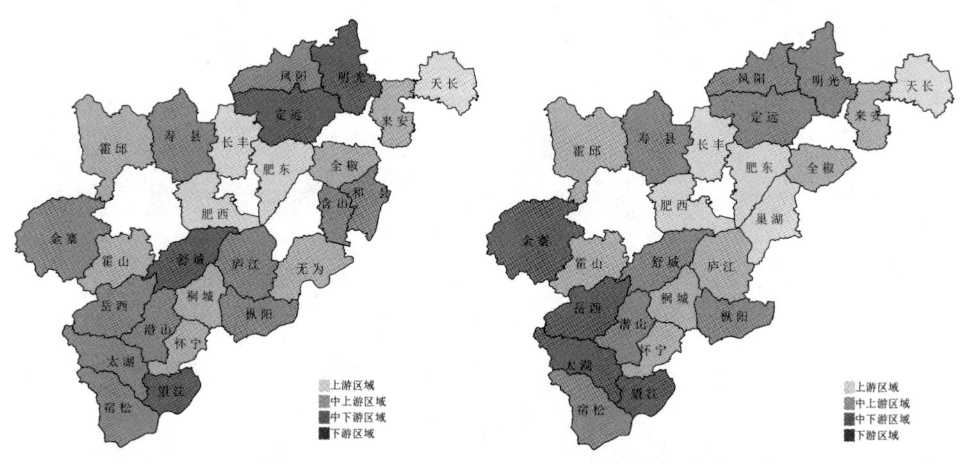

图4-9 2010(左)、2012(右)皖中区域县域基本竞争力分布

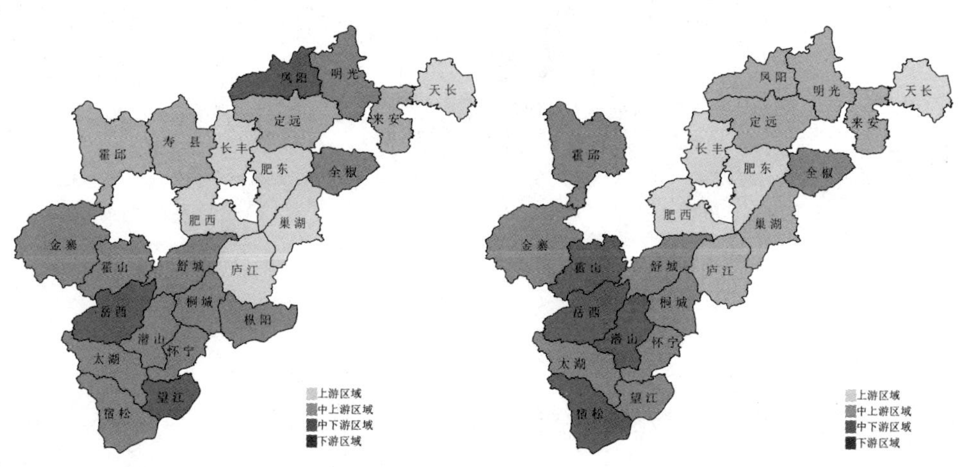

图4-10 2014(左)、2016(右)皖中地区县域基本竞争力分布

从 2010—2016 年皖中地区县域基本竞争力演变趋势可以看出：皖中地区呈现“东高西低”的空间分布特征。中部高是指该地区东部合肥、滁州周边所辖县域基本竞争力都处于相对优势地位，而西部地区六安、安庆所辖县域基本竞争力处于中下游、下游区域。

三、皖南地区县域基本竞争力空间演化

皖南地区县域包括马鞍山市（当涂县、含山县、和县）、芜湖市（芜湖县、繁昌县、南陵县、无为县）、宣城市（郎溪县、泾县、绩溪县、旌德县、宁国市、广德县）、铜陵市（枞阳县），池州市（东至县、石台县、青阳县）、黄山市（歙县、休宁县、黟县、祁门县）等 21 个县（市）（2016 年安徽县域划分数据）。2010—2016 年皖南地区基本竞争力排名空间演化结果表明皖南地区变化较为明显。2010 年上游、中上游、中下游、下游的分布个数分别为 4 个、7 个、11 个、4 个，到 2016 年分别为 4 个、5 个、6 个、6 个（图 4-11～图 4-12）。

从 2010—2016 年皖南地区县域基本竞争力演变趋势可以看出：皖南地区呈现“北高南低”的空间分布特征。北高是指该地区北部马鞍山、芜湖、宣城周边所辖县域基本竞争力都处于相对优势地位，而南低是指该地区南部黄山、池州所辖县域基本竞争力处于中下游、下游区域。

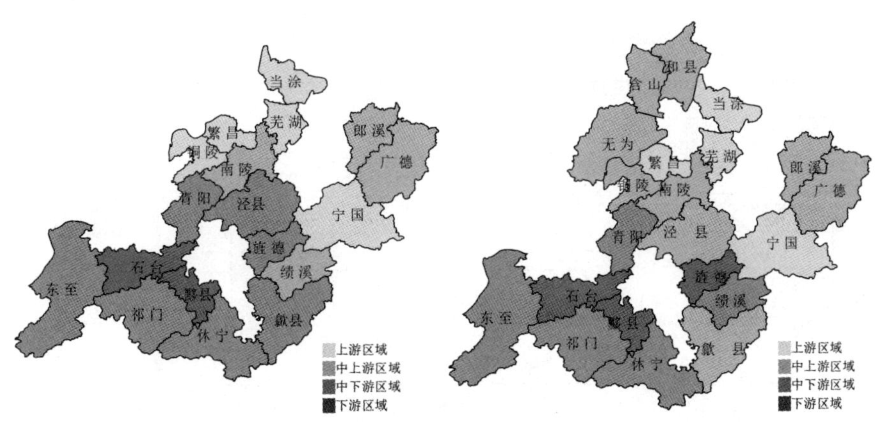

图 4-11 2010（左）、2012（右）皖南地区县域基本竞争力分布

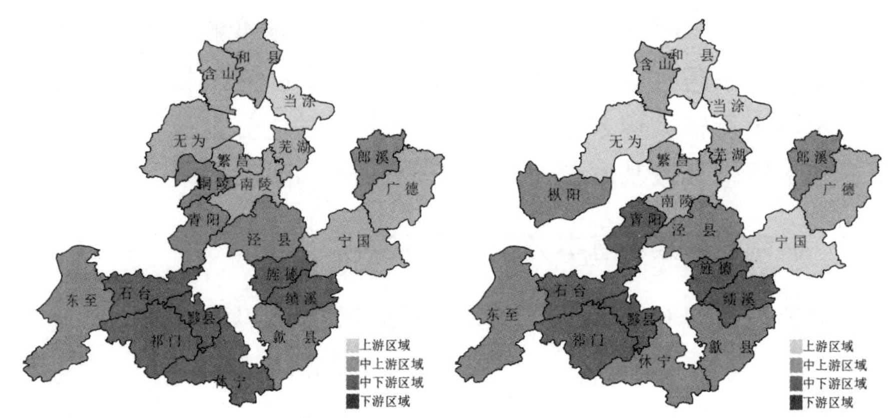

图 4-12　2014（左）、2016（右）皖南地区县域基本竞争力分布

第三节　投资环境竞争力空间分布

根据 2010—2016 年县域环境竞争力的排序，归纳出安徽省县域投资环境竞争力空间分布（表 4-3）。

表 4-3　安徽省县域投资环境竞争力空间分布表

地区	类型	2010 年		2012 年(1)		2014 年		2016 年(2)	
		总县数	县数	总县数	县数	总县数	县数	总县数	县数
皖北	上游区	17	3	17	2	17	3	18	4
	中上游区		8		7		9		7
	中下游区		5		7		4		6
	下游区		1		1		1		1
皖中	上游区	26	5	24	6	24	5	23	5
	中上游区		5		4		7		7
	中下游区		12		11		11		10
	下游区		4		3		1		1
皖南	上游区	18	2	21	2	21	2	20	1
	中上游区		7		10		5		6
	中下游区		4		3		6		5
	下游区		5		6		8		8

（1）2011 年起巢湖市、庐江县划分到合肥市；和县、含山县划分到马鞍山市；无为县划分到芜湖市。

（2）2015 年起枞阳县从安庆市划分到铜陵市，取消铜陵县；寿县从六安市划分到淮南市。

一、皖北地区县域投资环境竞争力空间演化

皖北地区县域包括宿州市（萧县、砀山县、灵璧县、泗县）、淮北市（濉溪县）、蚌埠市（怀远县、五河县、固镇县）、阜阳市（临泉县、太和县、阜南县、颍上县、界首市），淮南市（凤台县、寿县）、亳州（涡阳县、蒙城县、利辛县）等18个县（市）（2016年安徽县域划分数据）。从2010—2016年安徽县域投资环境空间演化格局看，皖北地区总体发展水平较为稳定，所辖的县域在2010年上游、中上游、中下游、下游的分布个数分别为3个、8个、5个、1个，而2016年相较于2010年上游区域地区增加1个，下游区域没有发生变化，说明皖北地区的发展较为平稳（图4-13～图4-14）。

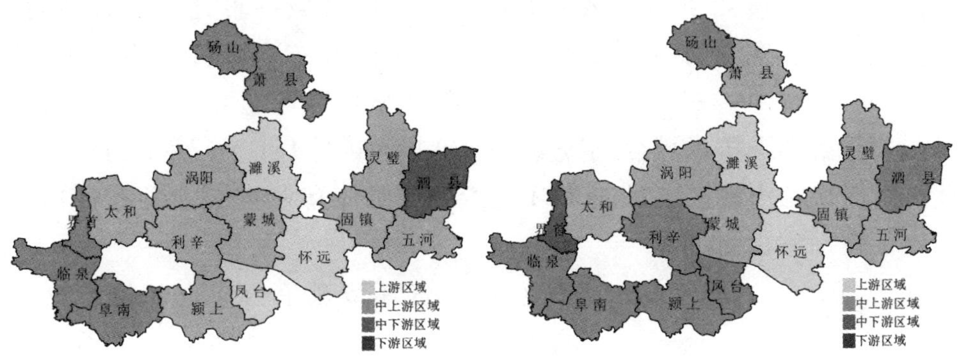

图4-13　2010（左）、2012（右）皖北区域县域投资环境竞争力分布

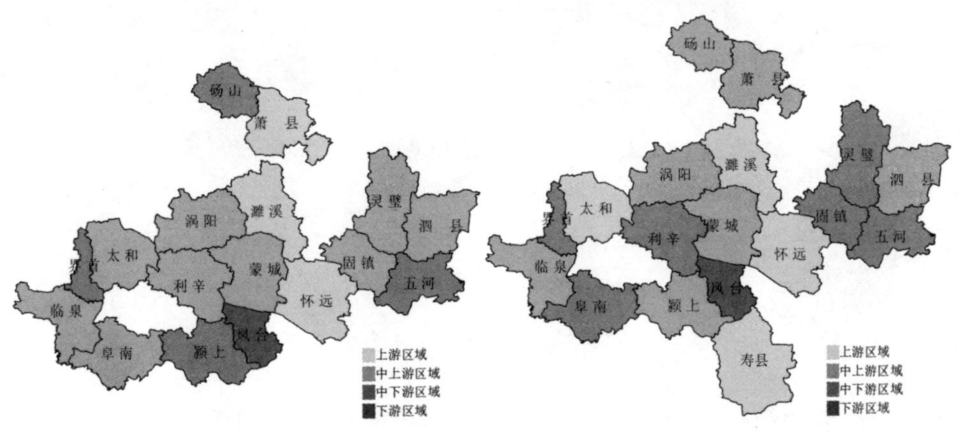

图4-14　2014（左）、2016（右）皖北地区县域投资环境竞争力分布

从 2010—2016 年皖北地区县域投资环境竞争力演变趋势可以看出：皖北地区片状分布特征不太明显，但总体上呈现出“中高东西低”的空间分布特征。皖北地区县域投资环境竞争力以上游和中上游区域为主，而东西部县域以中下游区域为主。

二、皖中地区县域投资环境竞争力空间演化

皖中地区县域包括合肥市（长丰县、肥东县、肥西县、庐江县、巢湖市）、六安市（霍邱县、霍山县、舒城县、金寨县）、滁州市（来安县、定远县、凤阳县、全椒县、天长市、明光市）、安庆市（怀宁县、枞阳县、潜山县、太湖县、宿松县、望江县、岳西县、桐城市）的 24 个县域（2016 年安徽县域划分数据）。从 2010—2016 年皖中地区县域投资环境竞争力排名来看，皖中地区县域一直处于全省前列，2016 年县域上游、中上游、中下游、下游的分布个数分别为 5 个、7 个、10 个、1 个，相较于 2010 年上游区增加 1 个，中上游区增加 2 个，中下游和下游区域分别减少 2 个和 1 个（图 4－15～图 4－16），由此可以看出皖中地区县域投资环境竞争力处于优势地位，并且这种优势地位在不断稳固。

从 2010—2016 年皖中地区县域投资环境竞争力演变趋势可以看

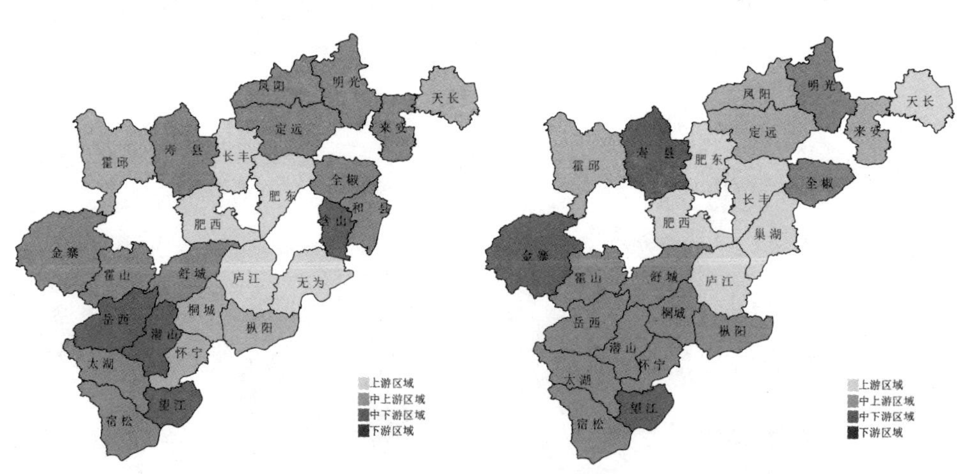

图 4－15 2010（左）、2012（右）皖中地区县域投资环境竞争力分布

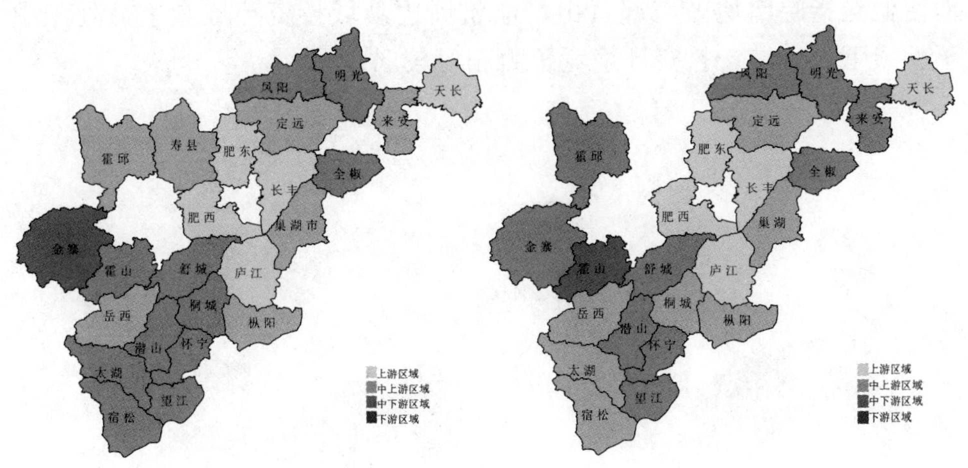

图 4-16　2014（左）、2016（右）皖中地区县域投资环境竞争力分布

出：皖中地区呈现“中间高，东西低”的空间分布特征。中间高是指以合肥为中心的周边县域投资环境竞争力处于优势地位，而东西低指位于滁州市（东）和六安市（西）周边县域的投资环境竞争力处于中下游或下游区域，投资环境竞争力相对较弱。

三、皖南地区县域投资环境竞争力空间演化

皖南地区县域包括当马鞍山（涂县、含山县、和县）、芜湖市（芜湖县、繁昌县、无为县、南陵县）、宣城市（郎溪县、广德县、泾县、绩溪县、旌德县、宁国市）、池州市（东至县、石台县、青阳县）、黄山市（歙县、黟县、休宁县、祁门县）等 20 个县（市）（2016 年安徽县域划分数据）。从 2010—2016 年皖南地区县域投资环境竞争力排名来看，皖南地区县域投资环境竞争力变化较明显。2016 年县域上游、中上游、中下游、下游区域分布的个数分别为 1 个、6 个、5 个、8 个，相较于 2010 年优势县域的个数减少 1 个，而弱势县域增加了 3 个（图 4-17～图 4-18）。

从 2010—2016 年皖南地区县域投资环境竞争力演变趋势可以看出：皖南地区呈现“北高南低，整体低洼”的空间分布特征。北高是指皖南地区北部马鞍山周边县域投资环境竞争力处于相对优势地位，

而南低是指皖南地区南部黄山、池州周边县域投资环境竞争力处于中下游或下游区域，投资环境竞争力相对较弱。

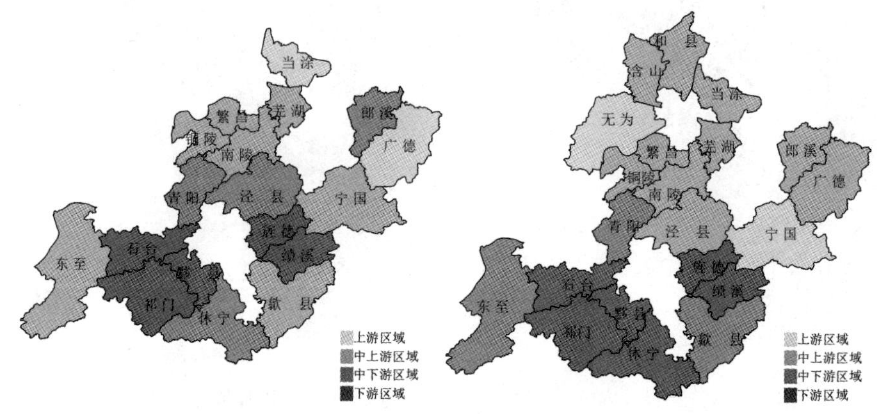

图 4－17　2010（左）、2012（右）皖南地区县域投资环境竞争力分布

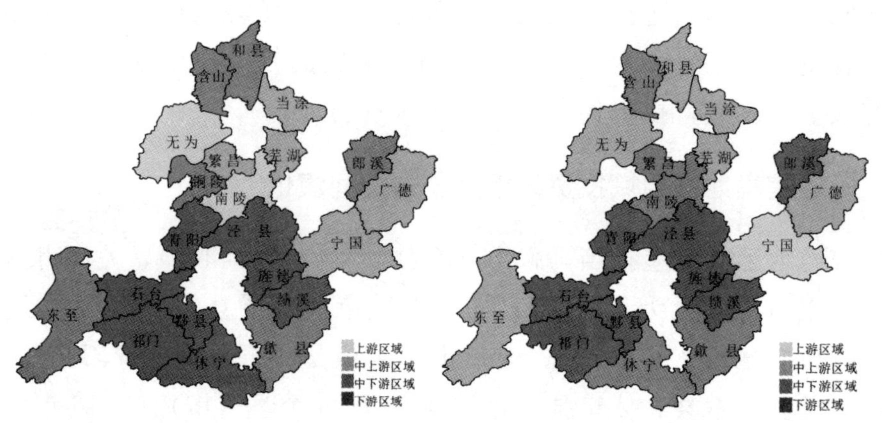

图 4－18　2014（左）、2016（右）皖南地区县域投资环境竞争力分布

第五章　安徽县域特色经济发展之路专题

第一节　县域特色经济发展的理论阐释

一、县域特色经济发展的内涵

特色经济，即在某个区域的经济发展中出现带有显著的地方色彩或与众不同风格的经济增长形式，通过对自然、人文、历史、资源禀赋、人口、技术、资金、市场等区位因素的分析，定位区位优势、找准地方特色和市场需求的“共振点”，做到经济发展中“人无我有、人有我特”，以此实现资源特色经济产业化，形成核心竞争力。县域经济本质是特色经济，具有极强的地域特征，与所在县域的特定资源和禀赋关联度高，区别于传统的农耕经济，县域特色经济更应该表现为特色效率经济，创新供给方式，提高供给质量，将资源特色转化为供给特色。

推动特色经济发展成为提升县域经济实力的强大动力和重要途径，是县域坚持走科学合理的经济发展道路的必要选择。县域发展特色经济，一方面有利于转变经济发展方式，加强经济协同合作，促进产业结构优化升级，发展规模经济和范围经济；另一方面有助于提升县域产品竞争力和品牌认可度，拓展特色产品销售市场范围。党的十九大报告强调，随着我国经济进入高质量发展阶段，必须坚持质量第一、效益优先的原则。以供给侧结构性改革为主线，推动县域经济发展质量变革、效率变革、动力变革，充分发挥县域自身优势，扬长避短，发展特色经济，形成核心竞争力，促进经济规模的扩大和层次的不断提升。

二、县域特色经济发展的相关理论

特色经济作为县域经济发展的一种模式，综合了区域经济学、发展经济学和产业经济学等学科理论，理论来源和依据主要包括以下几个方面：

一是优势理论。区域经济发展中要根据其自然资源、劳动力、资金、技术等要素禀赋特点，选择充分发挥比较优势的产业，不断创新生产方式、提高产品供给质量，从而保持自身竞争力的持续，获得比较收益。县域经济发展中可以将特色产业的比较优势转化为竞争优势，通过加强产品创新、市场创新等提高产业的核心竞争力。竞争优势促使企业不断创新，提升比较优势。县域经济发展应主动依托于本地区的优势资源条件，找准特色定位，培育具有差异化的优势产业，增强市场竞争意识，不断提高其特色经济的竞争能力，并通过创新来实现特色经济的升级，推动县域经济的发展。

二是“包容性增长”理论。在经济发展中既要重视量的增长又要重视质的提高，同时注重人口、资源、环境的均衡发展和可持续发展，公平合理地分享经济增长。“包容性增长”理念要求政府可以减少对经济的直接干预和部门之间职责交叉，推进政企分开，在发展战略上体现包容，在体制机制上保障包容，在政策举措上促进包容。县域经济发展过程中，政府可以适当放活企业，尤其是对发展特色经济的企业多些支持，包容企业的运行模式和做法，使企业有充足的发展空间，走出一条具有鲜明地方特色的包容性增长之路。

三是内涵式增长理论。相对于外力拉动经济增长，内涵式增长更强调以事物的内部因素作为经济增长动力和资源。通过内部的深入改革，激发活力，增强实力，提高竞争力，做到“人尽其才，物尽其用”，实现跨越式发展。在县域经济发展中，特色产业的壮大与特色路径的形成，不仅源于政府、资金的支持和市场需求，更重要的是源于民间本身的活力、对经商理念的敏感和创业上的动力，通过在特色经济发展道路上的不断摸索，确立适合本地区发展的特色产业并形成相应的特色路径。

发展县域特色经济就是在资源禀赋差异所形成的比较优势的基础之上，充分利用创新能力培育具有区域特色的优势产业，积极开发区域内具有特色的绿色资源，形成相应的市场竞争优势，并依托政府的包容性，激发民间自身潜在的动力，力争"合作共赢"，推动县域经济的快速发展。

三、县域特色经济发展的主要模式

县域特色经济发展路径的模式是多样的，主要有依据专业市场发展的市场特色经济、依据绿色资源开发的资源特色经济、依据创新驱动发展的创新特色经济、依据传统产业提升的产业特色经济以及依据科学技术兴起的科技特色经济和依据管理决策取胜的管理特色经济等。

一是市场拉动型特色经济。发挥县域自身市场资源优势，完善市场支撑体系，提高市场综合竞争力，加快县域特色经济的发展。市场拉动包含产地市场、销地市场和集散地市场驱动型发展，在县域经济发展中主要得益于活跃的民营经济、有利的区位条件、浓厚的商业文化氛围以及宽松的发展环境。在一些自然资源匮乏，工业基础薄弱但经济运行良好的县域，往往得益于抓住市场发育先机，不断积累资本、扩大规模、降低产品成本，充分发挥自身优势，坚持一切围绕市场而谋划，并与周边市场建立了紧密的联系，开辟了一条以市场为主导的特色经济发展之路。

二是资源开发型特色经济。依托自身资源优势，加快转型升级，化资源优势为经济优势，发展县域特色经济。在经济发展新常态的背景下，县域经济发展不能盲目追求快，而是要立足自身实际，借助良好的生态和文化资源，开展错位竞争。如以矿产资源开采、加工为主导的县域，可通过发展接续产业探索资源经济特色化转型道路；旅游开发资源丰富的县域，可突出全域旅游、休闲旅游、农业旅游等现代旅游特色；农业体量大、农产品种类多的县域，可突出农产品的地域特色、挖掘其品牌价值。通过做长做精资源型产业，延长传统资源的产业链，走出一条以开发资源发展县域经济的特色经济之路。

三是创新驱动型特色经济。县域特色经济发展需要以创新驱动，一些县域经济发展中，缺乏资源优势、缺乏市场和产业优势，可以在结合区位和资源进行深度分析的基础上，借助创新驱动推动特色产业发展。无中生有型特色经济发展模式就是创新驱动的一个典型模式，本身没有该优势产业，通过创新获得竞争和发展优势，政府合理进行产业和空间规划，从资金、技术和人才等多方面给予大力支持，着重打造特色产业，不断创造条件延伸出更多的产业链，做大做强特色产业，培育特色产业品牌，以此推进县域特色经济的发展。

四是传统提升型特色经济。传统产业与县域资源、市场结合紧密，对县域经济发展起到过重要贡献，然而随着市场经济发展逐渐陷入发展困境。运用现代生产科技、现代化管理理念结合市场需求，对传统产业进行改造提升，打造成新的县域特色经济支撑点。实施“科技支撑、创新推动”发展战略，通过大力引进先进的科学生产方式，打造现代化产业，逐步完善传统产业基础，优化新兴产业结构，促进产业的附加值和延伸产业链条，带动相关产业发展，形成以科技为支撑的现代产业体系。

在经济发展的新形势下，可以通过以市场特色为导向，以创新特色为动力，以产业特色为支撑，充分利用特有的自然资源和人文资源，提高县域经济核心竞争力，培育形成现代化产业链条，提升产业规模和层次，大力推进县域特色经济发展。

第二节　安徽县域特色经济发展的典型案例

发展壮大县域经济的关键是提升县域经济竞争力，核心是获得资源优势、市场优势、创新优势等。县域经济就是特色经济，走出一条适宜本地发展的特色道路是县域经济发展的关键，也是县域经济竞争力提升的根本保障。县域经济在发展战略选择上，必须坚持从本地实际出发，充分发挥比较优势，将比较优势转化为竞争优势，把资源优势转化为发展优势，大力发展特色经济并形成县域经济特色。

一、市场拉动型——以太和县为例

（一）基本情况

太和县位于安徽省西北部、黄淮平原腹地，是传统的农业大县，国土面积1820平方公里，人口176万，辖31个乡镇、1个省级经济开发区。太和是全国书画艺术之乡、全国民间文化艺术之乡、中华诗词之乡、中国桔梗之乡、全国粮食生产先进县、全国著名医药集散中心和安徽省首批战略性新兴产业集聚发展基地之一。

2017年上半年太和县多项经济指标全省领先。四个总量全省前十，其中：财政收入总量22.6亿元，全省第8位；财政支出42.8亿元，全省第1位；社会消费品零售总额82.1亿元，全省第1位；金融机构存款余额481.7亿元，全省第3位。六个增速全省前十，其中：地区生产总值增速10%，全省第3位；工业增加值增速13.2%，全省第4位；固定资产投资增速37.7%，全省第3位；财政收入增速41.2%，全省第2位；财政支出增速29.9%，全省第6位；社会消费品零售总额增速13%，全省第7位。县域综合实力由2016年度全省三类县晋升为2017年的二类县。

2017年前三季度，生物医药、节能环保、发艺文化和筛网绳网四大主导特色产业发展强劲。215家规模企业共完成工业产值291.47亿元，占全县的71.92%，其中，生物医药产业77家规模企业完成工业产值122.79亿元，占全县的31.72%；节能环保产业12家规模企业完成工业产值86.46亿元，占全县的20.70%；发艺文化产业74家规模企业完成工业产值47.59亿元，占全县的11.22%；筛网绳网产业52家规模企业完成工业产值34.63亿元，占全县的8.27%。

（二）特色经济发展路径探索

太和县资源和区位优势并不突出，通过打造生物医药特色主导产业，由农到商、以商促工、三产联动，县域经济得到快速发展。特色经济发展大体分为三个阶段：第一个阶段是改革开放前，主要是农村经济，以传统种、养业为主体；第二个阶段是二十世纪八九十年代末，一批跑单帮的“药贩子”走南闯北，积累了一定的资本和渠道，带动了数十万太和人陆续进入医药购销领域，并逐步构建了体系完善、市场细分的购销网络，培育了一批熟悉医药行情、掌握营销技巧的人才队伍，在完成了资本原始积累后，开始向医药制造、医药器材、医药服务领域延伸，逐步在生产、加工、销售、服务等领域形成了一定的品牌效应；第三个阶段是 21 世纪以来至今，主要是工商并举、工业主导、三产联动，通过大力培育龙头企业，医药产业发展步入快车道，目前太和已经是“买全国、卖全国”的全国最大医药集散地，其中境内的华源医药股份有限公司拥有全国最大的单体医药销售市场。

（三）主要做法

1. 引导返乡创业。太和县域经济源动力来自“农商大军”，改革开放后，太和县掀起了农民经商热潮，至今仍有 40 万人常年在外经商创业务工，其中一大批人从事与医药相关的行业，通过长年的打拼积累，构建了比较稳定的医药市场网络，催生了医药专业市场的发展。依托市场优势和资金积累，“以商促工、工商联动”，带动二产，反哺一产，形成了“三二一”产业发展模式。

2. 打造医药平台。为了更好、更多地集聚生物医药产业要素，太和县着力加快园区标准化厂房及产业平台建设，努力建设一批医药企业孵化器、加速器，积极建设以龙头企业为主导的行业创业平台，为培育引进相关企业提供全链条式服务、全产业链支撑。如建设了总投资 25 亿元的中科生物医药创新基地，项目占地面积 563 亩，规划建筑面积 40 万平方米，设有公共技术中心、孵化中心、中试中心和综合服务中心；打造了现代中医药科技城，项目占地面积 180 亩，规划建筑面积 20.9 万平方米，新建标准化厂房 16 万平方米；规划建设了医疗器械智能产业园，占地面积 200 亩，建筑面积 34 万平方米，设有中小微企业生产平台、医疗器械生产力技术促进平台。这些平台建设极大增加了太和县对省内外生物医药企业的吸引力。

3. 培育龙头企业。围绕培育生物医药这一主导产业，大力开展产业链招商，通过引进龙头企业带动相关配套企业的入驻，形成集聚效应。实施医药制造业“3551”工程，培育壮大销售收入 100 亿元以上的企业 3 家，培育 10 亿元至 100 亿元的企业 5 家，培育 1 亿元至 10 亿元的企业 50 家。目前已引进了悦康、贝克、德信佳、弘腾、华源等五家龙头企业，并建立了“一个企业、一名县领导、一个主管部门、一个工作队、一套方案”的“五个一”帮扶工作机制，巩固招商引资成果，形成了看龙头、比龙头、超龙头的发展氛围。

4. 推进科技创新。聚焦创新资源，在精准医疗、智能器械、新药研发等领域加速科技成果转化。创新设立“大健康产业创投基金”，支持初创性项目加快成果转化，支持龙头企业并购上市做大做强，对“资本港”的筹划建立都起到了较强的引领作用。围绕生物医药产业链建设，不断加强与大专院校、科研院所的联系，与中科院合肥技术创新工程院共建安徽太和经济开发区智能医疗器械、生物医药实验室，与四川省中医药科学院共建四川省中医药科学院安徽医药研究院，与复旦大学双方联合开发抗胰腺癌抗体及其相关产品，与北京石油化工学院化学工程学院共建教学实践基地。

（四）取得的主要成效

1. 形成了生物医药产业集聚。突出表现为数量多、质量高，基因测序、3D 生物打印、抗肿瘤和抗艾滋病药物研发生产等高端医药产业实现汇聚。2016 年现代医药产业集聚发展基地 93 家规模以上企业实现产值 154.8 亿元，增长 48.8%；税收 5.56 亿元，增长 50.3%；完成投资 67 亿元，增长 91.4%。2017 年前三季度，规模以上企业实现产值 138.2 亿元，同比增长 30.2%；实现税收 5.42 亿元，同比增速 30.8%；完成固定资产投资 73.2 亿元，同比增速 42.2%。

2. 构建了比较完善的生物医药产业体系。经过全力打造，现代医药产业初步形成了以生物制药、医药工程、保健食品为主体，以辅料包材、制药设备、卫生理疗、医药物流、职业教育、会展信息、金融服务为配套的产业体系。纳入基地统计的规模以上企业 93 家，其中年产值超 5 亿元企业 2 家。

3. 培育了一批龙头企业。龙头企业引进与培育同步发展，2016 年初，拥有了医药骨干企业 57 家、医药高新技术企业 8 家、产值超亿元企业 19 家。2016 年又签署国内 500 强企业广州医药集团有限公司项目，新增产值 5 亿元以上骨干企业两家，产业链关键环节配套企业引进了 5 家，境内外并购企业 2 家。

4. 增强了企业创新能力。在平台建设、专利发明、科技学术获奖以及高新技术企业数量增加等方面都取得较大成就。现代医药产业集聚发展基地高新技术企业已发展到 12 家，高新技术产品 54 个，申请专利 618 个，专利授权 175 个，其中发明专利授权 35 个。拥有国家级企业技术中心 1 个、省认定企业技术中心 5 家、省级抗病毒药物工程实验室 1 个、工程技术研究中心 4 家、新增 1 家。采取柔性引进、合作共建等方式，引进具有国际水准的高端人才团队 20 个，“千人计划”专家 6 人，科技部创新创业计划 1 人，省战略性新兴产业技术领军人才 3 人，博士 38 人。

（五）基本经验

1. 注重要素保障。要素保障是产业培育的基础前提，决定了产业能否培育、能否做大。太和县紧紧围绕生物医药产业发展的需求，出台了一系列举措，着力提供融资、用地、人才等要素支撑。制定了助保贷、药保贷政策，扩大担保贷款规模，多渠道解决基地企业融资难的问题。强化土地、环保等要素保障，对医药产业实施优先供地，保障医药项目用地。采取多种方式，引进产业发展急需人才。

2. 强化项目带动。项目是产业发展的生命线。太和县始终抓住这条生命线，谋项目、找项目、建项目，真正做到了经济工作项目化、项目工作责任化。成立了现代医药产业驻外招商办事处，由县委、县政府主要负责同志分批次、有计划、针对性地前往北京、深圳、成都等地引资金、招项目，并建立了从项目谋划、征地拆迁到项目设计、审批、招标、竣工、投产等全流程的县领导包保联系制度，成功引进了一批附加值高、拉动性强的重大项目。

3. 促进集聚发展。集聚有利于完善创新链条和产业链条，催生裂变、促进升级，提升产业的规模效应，增强产业的磁场效应。太和县生物医药产业之所以渐成气候，主要原因就是致力推动化学制药、生物制药、现代中药、营养健康、药辅器械、精准医学等关联产业形成集聚，营造了较为完整的生物医药产业发展生态系统，推动了产业链上下游协同发展，形成了研发、生产、销售一体化格局。

4. 完善销售渠道。太和县生物医药产业起步于销售，兴起于销售，始终把创新营销模式、拓展销售渠道作为产业发展的主抓手。打造的华药会、医药电子商务等会展销售平台，完善了医药销售网络，降低了企业运营成本，为"买全国、卖全国"提供了有力支撑，扩大了太和医药的品牌影响力。

二、资源开发型——以定远县为例

（一）基本情况

定远县地处安徽省东部，是皖东地区第一大县，行政上隶属于滁州市。县国土面积 2998 平方公里，人口 98.2 万，辖 2 个标准镇、14 个建制镇、6 个乡、2 个省级开发区。定远县地理位置优越，东接滁州，西邻淮南，南依合肥，北连蚌埠。近入南京都市圈、合肥经济圈，远融以上海为中心的国内经济最为发达、最具发展活力的长江三角洲经济区，具有得天独厚的区位竞争优势。定远县蕴藏丰富的岩盐等资源，是传统的农业大县，粮食、油料和肉类生产在安徽省和全国占有重要地位。

近年来，定远县将工业发展作为振兴经济的主攻方向，工业生产快速发展，工业化进程明显加快，产业结构已逐步得到优化。经济保持快速健康发展的良好势头，2016 年全县 GDP 实现 166.4 亿元，按可比价格计算增长 8.0%。在生产总值中，第一产业增加值 55.8 亿元，增长 3.5%；第二产业增加值 48.1 亿元，增长 9.8%；第三产业增加值 62.4 亿元，增长 10.9%。2017 年上半年，全县生产总值 80.1 亿元，按可比价格计算增长 8.6%，其中，第一产业增加值 21.2 亿元，增长 3.7%；第二产业增加值 25.9 亿元，增长 9.9%；第三产业增加值 33.0 亿元，增长 10.9%。

（二）特色经济发展路径探索

定远县岩盐和煤炭等自然资源丰富，地理位置优越，区位优势明显，铁路、公路等交通便利，具有发展盐化工产业的优越条件，被评为"资源丰富，矿体集中，埋藏浅，品位高，易开采的优质盐矿"。

2006年2月，安徽省政府“一号工程”、省“861计划”和“十一五”重点工程——安徽煤化盐化一体化工程盐化项目正式签约落户定远县。其一期工程于2008年底开工建设，2011年10月建成投料试车。定远盐矿是安徽省唯一的一家制盐企业，在全国100家最大采盐业企业中居第8位，在安徽省百强企业居第55位，在安徽省轻工百强企业中居第14位，在安徽省非金属矿采选业中居第1位。根据国内外化工产业发展的成功经验以及化工产业集中发展的客观要求，为充分利用华塑煤化盐化一体化工程项目和泉盛化工联碱项目建设的有利时机，在盐化项目所在的炉桥镇设立定远盐化工业园，作为定远县和滁州市化工产业发展的集聚区。近年来，定远盐矿以市场为核心，走产、学、研、市相结合道路，不断加深与科研院所联合，在稳定发展主业的同时，积极调整产品结构，开发新产品，转变发展方式，精制碘盐、工业用盐、液体盐、元明粉、果蔬盐、软水盐及生活用盐等20多个品种，覆盖国内近20个省、市，并远销日本、韩国、澳大利亚、马来西亚、非洲、蒙古等国家和地区。

（三）主要做法

1. 注重科学规划。始终把园区科学规划作为战略高度予以重视，坚持规划先行，高标准规划，先后邀请东华科技、安徽省化工设计院、合肥市城乡规划设计院等科研院所，完成炉桥总体规划、园区总体规划、炉桥镇城乡规划、园区控制性详细规划、园区产业规划、园区环境影响评价规划、园区供热专项规划、园区电力专项规划、园区水资源论证等一系列规划编制工作。

2. 创新体制建设。园区坐落在炉桥镇，园区快速发展离不开炉桥镇大力支持，同时园区经济发展也拉动了炉集镇经济快速增长。随着盐化工基地建设不断向纵深推进，县委、县政府审时度势，在盐化指挥部办公室的基础上，成立了盐化工业园管委会，提出“镇园合一，产城一体”的战略构想，主要领导交叉任职，统筹领导镇园同步协调发展。这一体制的建立，强化了统一领导，整合了镇园资源，集聚了建设资金，形成了工作合力，征地、拆迁、公用设施建设等诸多问题得以有效解决。

3. 完善园区配套建设。注重道路和给排水建设，大力完成路网建设、雨水管网、污水管网、电力建设和绿化工程建设。建设有生态隔离网工程、沛河路绿化工程、繁华大道、惠民大道、振炉西路绿化工程、苗圃工程，园区污水处理厂（一期年处理1万吨）已建成运营，退水路径已完工，三废监管平台已建，已完成24家射频监控，另有固废处理中心正在筹建中。天然气管道铺设已完成，通信设施已到位，园区公安、消防、学校、医院、公租房、金融中心等已建成使用。

4. 加大招商引资力度。始终把招商引资工作作为重中之重，先后出台《定远盐化工业园鼓励投资暂行办法》《定远盐化工业园鼓励投资奖励办法》等招商引资优惠政策。园区共引进企业项目79家，协议投资近400亿元，其中化工项目64家，建成投产26家，规模以上企业17家，高新企业3家，战新产业企业5家。

（四）取得的主要成效

1. 形成了新材料产业集群。园区内已建成投产及在建的安徽华塑大型氯碱、电石、PVC项目和泉盛化工的合成氨、三聚氰胺、联碱项目，开启了定远盐资源大规模深加工的先河，成为盐化工基地产业延伸发展、联合发展的龙头工程和重要支撑力量，使盐资源配置开始朝着科学化、合理化、有利于形成强大产业的方向转变，逐渐形成以盐化工为核心，以相关中下游产业为延伸的盐化工、精细化工及新材料产业集群。

2. 加快了盐化工业园发展。在盐产地发展盐化工产业，能发挥资源优势条件，大幅度降低原料价格和运输费用，提升产品收益。2017年前三季度盐矿园区累计实现经营性销售收入53.8亿元，增幅30.4%，完成规模以上工业总产值41.5亿元，增幅29.8%，规模以上企业增加值9.5亿元，同比增长27.9%，高新技术产业产值23.7亿元，增幅26%。

3. 优化了化工产业结构。定远盐化工基地的建设，加快了全省化工产业结构和产品结构调整步伐，扭转结构失衡、产业落后、产品低端的被动局面。园区着力发展以盐化工为基础的氯碱深加工、乙炔深加工、氢深加工及精细化工、硅氯氟、化工新材料及专用化学品五大产业链，改变了聚氯乙烯、纯碱、氯化高聚物、高端含氯有机化合物等产品市场长期被外来产品占领的局面。

4. 促进了战略性新兴产业发展。2017年定远县盐化工业园申报为战略性新兴产业集聚发展基地，功能定位为皖江城市带承接产业转移示范基地、安徽省重点发展化工园区、“千亿生态型盐化工基地”以及沿淮产业新城等。定远盐化工基地是产业特色鲜明、综合配套能力较强的产业集聚区，高起点规划发展含氯化工新材料，与微电子和光电子材料和器件、新型功能材料、高性能结构材料、纳米技术和材料一起，形成新材料与智能绿色制造体系，对战略性新兴产业发展起到极大的推动作用。

（五）基本经验

1. 重视资源禀赋分析。定远含有丰富的岩盐，并以周边地区的石灰石和石英砂资源为基础，结合两淮地区的优势煤炭资源，依托区位和交通优势，采用先进、高效、清洁的生产工艺，实现优势资源的整合和转化，并以此带动产业的升级和整体竞争能力的提高。园区着力发展以盐化工为基础的五大产业链，最终建成“国内领先、国际水平、独具特色”的大型盐化工、精细化工及化工新材料生产基地。定远盐化的发展得益于对自身资源的科学分析，把丰富的盐矿资源作为自己做精做强特色产业的战略支点，并顺势而为、积极引导、精心培育，最终形成了以盐化工业为县域经济主导产业。

2. 加强基础设施建设。定远盐化工业园区加大资金投入力度，高标准实施一批事关全局的重点工程，建立健全园区安全环保监督管理服务体系，对入住园区的项目提高门槛，要引进投资规模大、产业带动强、科技含量高、安全环保有保障的项目；加速推进园区水、电、路、气及标准化厂房等基础设施建设，加快镇园道路建设步伐，实现路网循环，无缝对接；加快建成企业服务中心，打造一流招商服务平台；加大安置楼建设力度，解决搬迁群众住房问题；高起点、高标准推进酒店、公园和城市综合体建设，改善人居环境，提升园区总体形象；整体推进医院、派出所、消防站及金融机构建设，完善功能配套，提高群众生活水平。

3. 推进科技转化。坚持把招商引资与招才引智引技相结合、直接引进与柔性引进相结合，促进技术、成果转移与转化，为企业科技创新提供服务。定远盐化园区注重招引一批科技型和创新型企业或项目，增强企业的核心竞争力，充分利用高校、科研院所丰富的科技资源，通过技术成果转移、转化推动盐化工业园加快创新进程；通过科技创新改造一批传统企业，招引一批高新技术企业，逐步提高高新技术企业占园区规模以上企业比重；积极推动企业建立健全科技人才队伍，依托各类科研项目、产业项目和重大工程，建设一批高层次人才培养基地。

三、“无中生有”型——以太湖县为例

（一）基本情况

太湖县位于安徽省西南部，大别山南麓、长江北岸。全县总面积2040平方公里，人口57万，现辖15个乡（镇），186个村（居）。太湖县是历史悠久、人杰地灵的文明古县，是山川秀美、景色怡人的旅游胜地。太湖县凭借得天独厚的生态文化和生态文明建设的卓著成绩入选2017年“中国十佳特色文化旅游名县”。

2016年全县实现地区生产总值106.3亿元，增长8.1%，社会消费品零售总额42.9亿元，比上年增长12.4%，全年共接待入境旅游者4095人次，国内游客398.9万人次，实现旅游总收入15.96亿元。全县固定资产投资500万元以上的开工项目383个，比上年增长52.0%，其中当年新开工项目340个，增长63.5%。2017年前三季度，全县经济运行状况总体平稳趋好，实现地区生产总值83.8亿元，按可比价计算同比增长7.4%，旅游接待人数280万人次，实现旅游收入10.92亿元。

（二）特色经济发展路径探索

太湖县的文化旅游产业发展经历了不断探索的历程，2008年通过招商引进了五千年文博园项目，项目投资5.45亿元，由五千年文博园投资有限责任公司于太湖虎形山建设。一期工程于2008年7月动工，并于2011年5月18日对外开放，二期“十里画廊”景区占地面积600

亩，总投资约 10 亿元，于 2011 年 10 月开工建设，并于 2014 年 9 月建成并对外开放。2015 年，安徽出版集团对五千年文博园项目进行了全面、深入、细致的考察，认为该园有着一定的规模、基础和影响力，而且太湖县在拥有独厚自然资源同时，在文化旅游产业方面，有着深厚的发展潜力。2015 年 5 月，安徽出版集团与太湖县政府正式签订战略合作协议，共建安徽五千年文博园管理有限公司。2015 年，五千年文博园被评为“安徽省著名商标”。2015 年 10 月，文博园接待量进入安徽省景区接待量前五名。近年来，通过深入实施“旅游强县”战略加速推进生态文化旅游融合发展，全县旅游业发展迅速，2016 年接待游客近 400 万人次，旅游总收入达 15.96 亿元，被评为“中国最美生态文化旅游名县”“中国健康养生休闲度假旅游最佳目的地”“中国禅修旅游最佳目的地”。

（三）主要做法

1. 创建国家全域旅游示范区。将全县作为一个大景区进行统一规划，推进“多规合一”。建设全景太湖，全县 15 个乡镇所在地全部建设成旅游特色小城镇。每个乡镇建设一个 3A 级以上旅游景区，全县 50％以上的行政村实现“处处是景、处处可游”。大力推进旅游＋农业、旅游＋工业、旅游＋文化、旅游＋美食、旅游＋运动等方面的融合，使旅游业快速成为太湖县的支柱产业。成立餐饮行业协会发掘、打造地方特色餐饮，开发禅源太湖素菜系列和有地域文化元素的旅游商品。推进旅行社创新提质工程，全面提升旅行社发展水平。设计旅游形象标识，策划建设“朴初故里禅源太湖”品牌形象体系。设立大湖县全域旅游数据中心、太湖县全域旅游服务中心和禅源大湖旅游区游客服务中心。

2. 打造禅源太湖旅游区。神源大湖旅游区空间布局为“2∶1∶5”结构，即两大板块、一条廊道、五个景区。两大板块：花亭湖、文博园。一条廊道：连接高速出口—文博园—花亭湖的景观大道。五个景区：禅心岛、西风禅寺、赵朴初文化公园、佛图寺、狮子山。科学开发花亭湖，打造禅心岛等核心景区提升西风禅守、佛图寺、赵朴初文化公园等景区。实施大坝三岔路口综合改造工程，启动旅游资产收购和划拨工作，通过招商引资整体开发汤湾温泉、狮子山等景区，启动三星伴月开发前期工作，实施迎水坡林相改造工程，完善提升文博园，完成资产重组建立现代企业制度。对照“5A”标准，完善基础设施和配套设施，提升景区管理水平开发独具特色的旅游产品，景观质量、环境质量和服务质量明显提升。

3. 完善旅游机制体制。为确保创建工作顺利推进，成立了县委书记、县长任组长，相关部门负责人为成员的高规格领导小组，及时研究、解决创建中遇到的困难和问题。出台了《关于创建国家全域旅游示范区建设旅游经济强县的若干意见》《禅源太湖旅游区创建国家5A级旅游景区工作方案》和《太湖县国家全域旅游示范区创建工作方案》等纲领性文件，让创建有章可循。成立了太湖县旅游发展委员会、禅源太湖旅游区管委会、旅游综合执法大队等机构，确保有专人干专业的事。制定了详细的创建工作责任分解表，明确了54个职能部门的工作职责和任务，将责任一一落实到部门和人员。创建中，全县上下树立“一盘棋”思想，步调一致，形成了“乡镇有联系领导、条块有指挥长、项目点有责任人”三位一体的责任体系，完善了科学的工作机制，同心同力在抓细、抓常、抓长上下工夫。

4. 提升旅游服务质量。景区始终以游客满意为关注焦点，创新旅游服务观念，规范景区经营管理，着力塑造最佳旅游服务形象。一是调整充实了管理团队，完善管理组织架构，实行层级和网格化管理。二是规范窗口部门的接待服务标准，特别是导游、检票、售票、安保、保洁等岗位的工作人员，坚持每日晨会制度。三是坚持以制度管人，规范公司内部的各项管理制度，先后制定实施了《太湖县文博园投资有限责任公司工作日报管理办法》《员工宿舍管理规定》《景区接待管理制度》等相关制度办法，进一步加强公司内部管理，为公司的良性运营奠定了基础。四是公司对景区内的停车场、厕所等进行了升级改造，增设了游客休息设施，智慧旅游中心建成运行，同时完善服务体系，实行游客一站式咨询及投诉服务。

（四）主要成效

1. 提升综合收益。随着太湖县特色旅游文化产业的开展和全域旅游的打造，国内外游客人数增多，旅游收入不断增加，成为地区生产总值的重要支撑。截至 2017 年 11 月底，景区实现旅游综合收入 4000 万元，同比去年同期增幅约 42%，其中酒店收入 1648 万元，比去年增长 84%，门票收入 2063 万元，比去年增长 19%；工艺品厂、商贸等同比均有明显增长，景区游客量也有明显增长，购票入园人数达 30 万人次，同比增长 26%。

2. 加快旅游扶贫步伐。实施了总投资 750 万元的中央预算内计划项目，对 7 个贫困村旅游基础设施建设，实施了 3000 万元的国家发改委专项建设基金项目，建设佛图寺景区所覆盖贫困村旅游基础设施；利用省旅游扶贫补助资金，奖励扶持乡村旅游开发重点村；结合景区建设，安排贫困户从事景区生态护林、环卫或到旅游企业就业；结合旅游产品开发，采取“龙头企业（农民专业合作社）＋基地＋贫困户”或资源（土地）入股分红等多种方式帮助贫困户发展产业；定期开展农产品旅游开发、农家乐规范建设和乡村旅游服务人员上岗培训，提高贫困户旅游脱贫技能。全县贫困村旅游基础设施有了显著改善，贫困户旅游从业人员明显增多，贫困人口旅游人均年收入增加达 1000 元。2016 年，全县旅游脱贫人口 4800 人，其中，直接旅游脱贫人口 697 人。

3. 弘扬先进文化。太湖县是禅宗之源、戏曲之乡、文化之邦、红色热土、旅游胜地。太湖县以“禅”为主题，以“朴初故里，禅院太湖”为旅游主题形象口号，精心打造“一湖一园一文化”，建设成为融旅游观光、休闲度假、文化体验等功能于一体的国家级文化旅游产业。在文化旅游产业发展中，通过推出一批文化创意产品，让静态的文化资源活起来，大量旅游者的来访和市民的大量出游，开拓了眼界，丰富了地理、文史和风俗民情等知识的同时提高了居民素质和文化素养。

4. 促进招商引资。太湖县作为皖南国际旅游文化示范区核心区、国家首批全城旅游示范区，近年来，被评为中国最美生态文化旅游名县、中国健康养生休闲度假旅游最佳目的地、中国禅修旅游最佳目的地。文化旅游业的发展提高了太湖县的知名度的同时，改善了投资环境，促进了招商引资。2016 年全年实际利用市外到位资金 58.91 亿元，比上年增长17.1%，其中境内省外到位资金52.61亿元，比上年增长8.3%。

（五）基本经验

1. 有效整合资源。太湖县按照全县大景区、全城大旅游的发展思路，紧扣各地自然生态禀赋和人文资源优势，做好“旅游+”文章。“旅游+文化”，充分挖掘禅宗、名人、老街、古村等文化资源，打造西风禅寺、赵朴初文化公园、晋熙古街、五千年文博园等精品游线；“旅游+农业”，依托美丽乡村、传统村落和熙岸现代农业示范区等生态农业基地，开发休闲度假、健康养生、农事业示范区等生态农业室地，开发休闲度假、健康养生、农事体验等特色旅游产品；“旅游+体育”，举办花亭湖全国水域游泳公开赛、全国门球赛等活动，发展环花亭湖骑行、小龙山步行、罗河谷漂流等户外体育运动；“旅游+山水”，加快花亭湖国家湿地公园、九井溪省级森林公园建设，打造山水融合新游线；“旅游+扶贫”，走“村景融合、精准扶贫”之路，发展民宿经济，让游客“吃住农家、感受风情”。

2. 强化项目投资。一是2017年累计投入营销费用300余万元，通过策划举办节庆活动，切实加大宣传力度等手段，强化旅游形象宣传，有效推进景区快速发展；二是成立书记、县长任双组长的创建工作领导小组，统筹8000万元资金用于“5A”创建，狠抓工作落实，聘请北京大地风景景区管理有限公司现场指导创建工作，全面提升景区综合接待能力和服务水平；三是争取7个基金项目和1个中央财政预算内投资项目，积极进行旅游项目融资申请贷款6000万元；四是在环保助力方面，投入8000万元资金，从9个方面着力开展花亭湖综合整治工作，再现了花亭湖“千重山色、万顷波光”的靓丽画面。

3. 拉长产业链条。一是开通了合肥—五千年文博园景区的直通车，引导拉动和创造旅游新消费；二是积极加强与各地旅行社、游客集散中心、车友俱乐部等中间商的合作，先后组织安徽、湖北、江西、江苏、浙江等地近千家旅行社来园踩线，签订了旅游合作协议，加强与重点旅行社的联系，全力组织老年团、学生团等旅游团队来园游玩；三是加强与周边城市旅游景点的合作，整合旅游资源，半点成线，包装推出了五千年文博园+天柱山、五千年文博园+花亭湖、五千年文博园+花亭湖工程岭黑猪生态园二日生态游等特色旅游线路，扩大了在皖赣鄂苏浙沪主要客源地的市场份额；四是引进北京思恩公司，统一禅院太湖品牌，走线上线下融合之路，让更多优质农特产品走向全球，卖向世界。

4. 拓展客源市场。牢固树立“营销是龙头”的经营理念，全力抓好市场营销工作。一是精心打造“禅源大湖”专题网站，开通了“禅院太湖旅游区”官方微信和博客，在合安、商界高速旁制作了6块10面旅游形象广告；二是加强与周边旅行社和景区合作，联手推广旅游路线，积极举办旅游宣传活动、办体育赛事、唱旅游大戏；三是以太湖旅游形象宣传为主，撰写导游词，招募和培训导游，制作《大湖旅游》精美宣传画册，征集代表花亭湖主题形象的照片，建立旅游网站和微信平台，适时进行大规模、全方位、爆炸性的宣传营销。

第六章 促进安徽县域经济发展的政策建议

第一节 加快推进县域特色经济发展

2017 年 9 月，安徽省政府主要领导在“推动县域经济发展调研座谈会”上指出县域是建设五大发展美好安徽的重要基础和支撑，省委、省政府高度重视县域经济发展，先后出台一系列支持政策，省五大发展行动计划将实施县域经济振兴发展工程作为重点工程予以推进。为了深入了解当前县域经济发展形势，研究推进县域经济振兴发展的政策措施，深入实地调研县域经济发展，提出了县域经济发展“十条路径”，即：特色经济之路、成果转化之路、“凤还巢”之路、现代招商之路、承接产业转移之路、就近就业之路、园区发展之路、借势发展之路、互联网经济之路和带动经济之路，并组织相关高校编写了“县域经济发展路径案例”，供全省各县学习借鉴。

县域经济就是特色经济，县域经济具有极强的地域特征，与所在县的特定资源和禀赋关联度极高。发展县域经济首先就要找准地方特色，充分发挥自身资源优势、市场优势，努力做到人无我有、人有我特，实现资源特色经济产业化，形成核心竞争力。一方面找准自身特有资源禀赋，做精做强特色产业，形成产业链条；另一方面立足自身多年发展的产业基础及其成长性，努力提升传统产业规模和层次，完善产业配套，打造成特色产业。

一、充分发挥市场的决定性作用

市场是社会资源的主要配置者，在经济利益最大化的驱动下，市场对地区经济发展实现最优化配置，为地域特色经济发展提供充足的动力。县域特色经济发展的核心驱动力是市场引导，要充分发挥市场的决定性作用，通过市场选择不断优化资源配置，淘汰效率低、管理落后的劣势产业，壮大能够适应市场需求转变、效率高、理念超前、管理规范的特色主导型产业。一些资源禀赋缺乏、市场体系不完善、交通落后的县域，可以通过建立和完善统一开放、竞争有序的市场，加快形成企业自主经营、公平竞争，消费者自由选择、自主消费，商品和要素自由流动、平等交换的现代市场体系，着力清除市场壁垒，发挥市场在县域特色经济发展中的作用，鼓励民间资本在市场选择中发掘商机，发展符合市场需求的特色产业。

二、高效推动资源的保障性作用

资源禀赋是一个区域社会、经济与环境稳态存在、发展的物质基础，县域特色经济发展的重要前提就是深入分析本地区资源禀赋，通过比较优势，发展具有竞争力的特色产业。一些自然资源、矿产资源以及文化资源较为丰富的县域，可以依靠自身的资源优势，并以此为支柱，快速发展县域特色经济，宜农则农、宜工则工、宜商则商，使自身发展更具特色，形成自己的特色主导产业，提升县域经济竞争能力，打出自己的品牌，形成独具特色的品牌效应，走出一条具有本县资源特色的经济发展道路。资源开发的同时，兼顾社会效益和生态效益，建立合理的资源分配与开发机制，提高地区资源的利用率，以自身资源为基础，创新出多条产业链，增加附加值，使其能够为县域经济发展带来更大的助力。

三、积极提升创新的驱动性作用

创新是一个县域经济发展的灵魂，在县域经济发展的各个方面都有着重要的作用。一些资源较为匮乏的县域，没有资源依托，但若观念创新，发展思路创新，也可以实现无中生有，创造出自己的特色产业，从而加快县域特色经济发展。实施创新驱动发展战略，重点是结合本地发展潜力和历史文化渊源，找准县域创新驱动发展的着力点，形成具有县域特色的创新驱动发展路径，并且持之以恒，取得实效。创新发展县域经济，离不开政府的大力支持和长远科学谋划，要处理好经济发展和生态环境保护的关系，探索走出一条绿色突出、生态良好的特色化发展道路，实现县域可持续快速发展。

四、不断强化传统提升性作用

传统产业与县域经济发展关联密切，其形成与存在有着一定的合理性，也对县域经济发展过程中起到过重要推动作用，对传统产业改造提升是县域特色经济发展的一个重要路径。在一些县域，传统产业甚至仍是支撑县域经济发展的脊梁，加快县域特色经济发展，就必须依托于传统产业的基础，改造提升传统产业，脱胎于传统产业的基础之上形成特色高效的现代产业。以融合发展为导向，通过新旧产业的交互作用、融合渗透、逐步创造出全新的产业体系，推动传统产业转型；以市场需求为导向，密切结合不断变化的市场需求，安排产品生产；以科技进步为导向，用现代化的生产方式、管理决策和营销模式促进传统产业焕发新的生机。

第二节 深化县域供给侧结构性改革

2015 年中央财经工作领导小组会议首次提出供给侧结构性改革。并在随后的中央经济工作会议，指出了我国供给侧结构性改革的重要意义，进而逐渐明确我国供给侧结构性改革的具体任务主要有两方面。从短期来看，就是要完成五大核心任务“去产能、去库存、去杠杆、降成本、补短板”；从长期来看，就是要贯彻“创新、协调、绿色、开放、共享”五大发展理念，实现经济发展方式彻底转变。安徽省委、省政府立足安徽经济发展实际，于 2016 年 5 月颁发了《安徽省扎实推进供给侧结构性改革实施方案》，并于 2016 年 6 月提出《安徽省人民政府关于去库存促进房地产市场稳定发展的实施意见》《安徽省人民政府关于去杠杆防风险促进经济社会稳定健康发展的实施意见》《安徽省人民政府关于降成本减轻实体经济企业负担的实施意见》《安徽省人民政府关于补短板增强经济社会发展动力的实施意见》等四个实施意见。

县域是国家最基本的经济社会单元，县域经济是国民经济的重要组成部分，是区域发展的基石。一方面，推进县域供给侧结构性改革是在经济新常态下县域经济发展的必然选择和实现路径，是实现精准扶贫、精准脱贫和全面建成小康社会目标的坚实保障；另一方面，供给侧结构性改革为县域经济适应速度变化提供契机。县域经济要使经济增速保持在合理区间，而不是过高或过低，就须注重内涵式发展，而实行供给侧结构性改革，为县域经济如何在下行压力下保持理性增速找到了遵循和方向。此外，供给侧结构性改革为县域经济加速结构优化、经济转型发展提供了机遇。县域经济由于存在城乡二元结构、三次产业结构不优等问题，因而需要通过推进供给侧结构性改革，从生产领域加强优质供给，使供给体系更好地适应人民群众需求结构的变化，为消费者提供更多的高品质产品、个性化服务，从而刺激新一轮需求，为县域经济发展提供新的需求拉动。

一、优化产业结构，扩大中高端供给

加快培育壮大新兴产业，促进实体经济结构的调整和提升实体经济的竞争力，增强供给结构对需求变化的适应性和灵活性。一方面，培育一批新技术产业化形成的产业集群；另一方面，做大高新技术改造传统产业形成的新兴产业，尤其是战略性新兴产业，集中优势资源，积极发展新能源、新材料、节能环保、软件和服务外包、物联网和新一代信息技术、文化创意等重点新兴产业。进一步增加第三产业产值比重，降低第一产业产值比重，促进县域一、二、三产业融合发展。县级政府要着力营造良好的产业发展环境和公平竞争的市场环境，通过市场竞争提高产品质量，打造知名品牌。

二、清除过剩产能，降低企业成本

引导企业主动压减无销路、能耗高、污染重、安全风险大、不符合产业政策的落后和过剩产能，帮助符合条件的企业争取省级专项补助资金。着力降低企业成本。降低厂房设备租金成本；降低税负成本，贯彻落实“营改增”全面扩围等结构性减税政策，实施高新技术企业、固定资产加速折旧、研发费用加计扣除等税收优惠政策；降低水、电、天然气等要素成本，对用水、电、气量达到一定数量的企业给予一定程度的价格优惠；降低企业用工成本，企业可根据生产经营情况与职工协商确定薪酬和实行弹性工时；降低制度性交易成本，及时公布政府性基金目录清单、行政事业性收费目录清单和涉企行政事业性收费目录清单，规范涉企收费行为。推动中介服务机构去行政化，清理规范中介机构收费。

三、积极推动“双创”，促进经济发展

健全有利于创业的政策制度，落实和完善鼓励劳动者自主创业的税费减免、小额担保贷款、资金补贴、场地安排等扶持政策，形成政府激励创业、社会支持创业、劳动者勇于创业的新机制。完善创业创新服务体系，做好平台搭建。加大创业资金支持力度，充分发挥中小企业专项资金、各类创业投资引导基金的作用，完善市场化运行长效机制，形成多元化、多渠道的创业资金支持体系。搞好创业培训和服务，推动高校普及创业教育，支持各类培训机构开展创业培训，运用社会各类资源建设创业孵化基地，健全创业服务体系。

四、政府简政放权，释放改革红利

县域经济发展需要改革驱动，在供给侧结构性改革背景下，重点在于清理导致政府职能越位错位和制约市场机制作用发挥的政策制度障碍等，实质上是处理好政府与市场的关系，最终要让市场在资源配置中发挥决定作用。首先，通过行政体制改革简政放权，尽可能减少对微观经济的干预，激发市场活力、需求潜力和创新动力，让市场真正在资源配置中起决定作用，由市场机制来自发有效地配置资源。其次，要在土地、户籍、教育、科技、医疗、人才等制度方面进行创新，激发社会主体的创造性与活力。要发挥好市场和政府的作用，不断孕育新动力、构建新业态，促进县域经济从中高速增长迈向中高端水平。

五、突出精准投资，实施投入驱动

招商引资能够加速县域经济的发展，但长期以来，县域经济为投入少、体量小而苦恼，近年来随着招商引资深入推进，项目不断增多，一些盲目投资、重复建设等低效投入也随之增多，低端劣质项目造成资源资本的极大浪费，因此营造良好的投资环境，扩大有效投资就显得必不可少。面对经济下行压力，要注重通过市场优胜劣汰和产业政策引导，加快推动一些落后产能退出，为先进产能的发展和扩大有效投资腾出空间，要把握新常态下投资的新特点、新变化，不断创新新思路，新途径，采取措施，营造良好投资环境，扩大有效投资补短板，推进投资领域供给侧结构性改革，深化投融资体制改革，打破体制机制障碍。

第三节 大力实施县域乡村振兴战略

在党的十九大报告中首次提出实施乡村振兴战略，这是城乡发展思路的重大战略性转变，也是“三农”工作一系列方针政策的继承和发展。实施乡村振兴战略，全力推进乡村发展与振兴，这是党中央着眼于全面建成小康社会、全面建设社会主义现代化国家做出的重大战略决策，是加快农业农村现代化、提升亿万农民获得感、幸福感、巩固党在农村的执政基础和实现中华民族伟大复兴的必然要求，为新时代农业农村改革发展指明了方向、明确了重点。

乡村振兴战略是对以往乡村发展理论的战略升级，大力实施乡村振兴战略，推动了县域经济加快发展，为安徽省经济平稳健康发展贡献力量。安徽省是农业大省，县域推进乡村振兴工作，谋划能有效引导、服务、监管资本下乡的政策机制，统筹结合基层党建，树立“以人民为中心、全域统筹、保护第一、产业优先和创新发展”五个新理念来推动乡村振兴。同时依据不同县域乡村发展的差异性，分类指导，精准施策，以县域为单位推进乡村更经济、系统、高效地建设，以乡村为单位更利于统一部署，注重发挥乡村的积极主动性，激发乡村经济发展活力，从而确保乡村振兴战略真正落实。

一、加强农业人才队伍建设

党的十九大报告首次提出要“培养造就一支懂农业、爱农村、爱农民的‘三农’工作队伍”。一系列顶层设计为我省开展人才队伍建设工作指明了方向，对新时代“三农”工作队伍提出了更高的要求。人才建设要有工匠精神，深耕农业、扎根农村、依靠农民，把产品、管理和服务做细做精，保证质量和信誉。还要有精英意识，提供具有竞争力的服务和产品，培育发展壮大更多具有国际影响力的农业企业。发挥企业家带头作用，加强农村工作者队伍建设，包括村“两委”领导班子、农村服务中心站工作者队伍、服务农村的社会工作者队伍、志愿者队伍建设等。在工业化、信息化、城镇化进程中同步推进农业现代化，通过大力加强农村实用人才队伍建设，培养造就一大批素质较高的职业农民，确保农业科技成果转化为现实生产力，为新农村和现代农业建设提供强有力人才支撑。全面推动强有力且忠诚有担当的“三农”工作队伍实用人才建设，为实现乡村振兴提供充足的人才保障。

二、大力推动产业发展战略

乡村振兴要把产业发展作为主抓手，引育农业多元经营主体，发展多种类型产业，提供要素、政策和基础多维精准支撑，从而推动产业发展战略。调整农业结构，壮大支柱产业。以主导产业为主，特色产业为辅，树立品牌意识，强化科技支撑，扩大经营规模，全力提升经济效益。提高产品附加值，延长产业链条，完善服务体系。以企业高效、农民增收为目的，以龙头企业建设为依托，以延长产业链和提高商品率为突破口，结合区位优势，建设产业集群基地、扩大种养规模、优化品种结构，着力发展农副产品加工业，促进农业产业规模、质量、效益同步提升。发展新兴特色优势产业，培育新的经济增长极，要着眼于农业资源充分利用、促进产业良性循环和经济循环效率和质量提升，要大力发展现代服务业，推广电子商务平台，探索旅游扶贫模式，带动经济多元发展。同时要突出三产融合发展，构建现代化农业产业体系。

三、加大农村公共服务供给

通过设立专项资金，加强县、乡村自治、设立公共服务站提高农村公共服务供给水平和质量。农村公共服务供给水平的提升，农村治理结构的优化，需要发挥党委领导、政府主导作用，需要充分开拓农村基层自治组织自治功能，也需要支持和鼓励各种类型的社会组织参与到农村公共服务的供给，形成多元主体参与的农村治理结规模构。加大对公共服务建设的经费支持力度，创建有效机制确保根据农民的实际需求来确定政府公共服务专项资金用途，并探索有效的方式监督资金使用情况。加强农村公共服务设施的建设，扩大公共服务覆盖农村的范围，统筹城乡公共服务和公共设施，强化两者之间互联互通、共建共享。通过政府购买服务等多种形式支持社会组织向农村提供多样化公共服务。大力提高农村公共服务供给效率，创造良好的农村公共服务投资环境，畅通公共服务供给渠道，充分发挥市场、政府以及社会各个方面的积极性，推动农村公共服务又好又快发展。

四、缩小城乡居民收入差距

农民生活水平的提高，离不开政府的支持。政府只有加大对农村的投入，才能更大程度地推动农村经济的发展，增加农民收入，达到缩小城乡收入差距的目的。政府应建立一个平等自由、统一开放的劳动力市场，减少因就业选择限制而产生的收入差距。根据农村实际情况，就各个层次建立和完善社会保障体制，使社会保障体系化、法制化。同时要优化农村产业结构，农业收入一直以来是中国农村居民最主要的收入来源。县域应该根据自身地区的不同，来发展自身的优势产业，实现规模化经营；根据市场的变化，来对农产品的生产种植进行调整，打破当前城乡产业分割的格局，实现工农业的一体化发展。政府部门要重视农村教育，提高农民的整体素质。要发展农村教育，改善农村办学条件，使农村儿童与城镇儿童有同等的发展机会。安徽省县域存在较大的城乡居民收入差距，严重影响着经济的平稳发展和社会的和谐稳定，为此政府要制定公平合理的收入分配制度，尽力完善社会保障制度，加大对农村教育和医疗的投资，尽可能建立全民共享的收入保障体系。

五、深入推进美丽乡村建设

推进美丽乡村建设应进一步提高农村地区群众的生产生活水平，让建设成果更好惠及农村地区群众。明确建设美丽乡村的主要载体是农村环境污染的治理和生态保护，政府要发挥主导和引导作用，促进农村经济发展方式转变，全面提高群众环保意识，发展高质、生态型农产品。结合县域当地的自然条件和文化元素，通过挖掘农耕文化、民间文化，巧妙把地域文化、历史文化和现代文化进行融合，形成丰富的文化局面。完善顶层设计，注重培训宣传。围绕美丽乡村建设的动力机制、激励机制、协调机制、监督考核机制等做出更有导向性的制度设计，利用多种宣传手段对美丽乡村建设的政策举措和工作成效进行宣传。建设美丽乡村，投入是保证，资金投入要注重多元化，破解资金投入难题。同时在建设资金使用上，做到“阳光、公正、公开”。努力构建以群众为主的多元合作共建机制，将参与权、监督权交给当地群众，坚持深入群众宣传，以典型引导宣传，提高农民建设美丽乡村的主动性和积极性。

第四节 深入实施县域创新驱动战略

创新驱动战略已逐渐成为我国社会经济发展的核心战略，为我国加快经济发展方式转变、提升科技实力、增强国际综合竞争力提供了有效路径。2017 年 5 月 13 日，国务院办公厅首次印发了《关于县域创新驱动发展的若干意见》(以下简称《意见》)，部署推动县域创新驱动发展工作。该《意见》指出，实施创新驱动发展战略，基础在县域，活力在县域，难点也在县域。新形势下，支持县域开展以科技创新为核心的全面创新，发挥科技创新在县域供给侧结构性改革中的支撑和引领作用，打造发展新引擎，培育发展新动能，实现县域经济社会协调发展，对于建设创新型国家乃至全面建成小康社会意义重大。

创新驱动是县域发展的大势所趋，创新强则县运昌，创新弱则县运殆。在全球科技革命、产业变革加速的今天，县域要想获得长足发展，必须依靠创新驱动打造发展的新引擎。长久以来，我省重大科技成果主要集中在合肥等发展较快城市，而县域创新发展则一直受到人才流失、资金欠缺、产业低端、科技落后、管理模式陈旧等诸多问题的困扰。在《意见》的指导下，各县域应加快推动强化科技与自身发展的有效对接，务实推进创新实践，结合既有资源禀赋，因地制宜整合自身核心产业，围绕核心产业进行商业模式创新和突破，积极构建以技术、人才、产业、资本为一体的创新发展支撑体系，推动更多创新资源汇流集聚，推动更多创新成果落地转化，实现县域特色创新发展。

一、大力实施科教兴县战略

教育是最大的民生，教育是发展的根本。各县应遵循“优先发展、协调发展、内涵发展”三原则，坚定不移实施科教兴县战略，以创建教育强县为抓手，不断强化政府职责，加快深化教育改革，推动教育事业健康发展。在分类管理、特色发展的思维下，构建更为合理的教育体系，在继续推进基础教育的同时，不断深化职业教育，加强技术培训工作，为工业发展提供助力，促进全县各类教育的协调均衡。推进产学研协同创新，加强全县企业与科研单位、高等院校的联系与合作，采取借力攻关机制，以市场需求为导向，紧紧围绕延伸产业链条，在产品研发、技术创新、人才培训等领域开展一系列产学研活动，推动科技成果落地转化，提高全县工业产品的科技含量和市场竞争力，同时借鉴和吸收其他地区先进管理方法、经验和高新技术成果，促进全县科技事业进一步发展壮大。坚持在“大格局”下优化教育网点布局，在“大投入”下提升教育环境建设，在“大转变”下完善教育培养模式，全面推进以提升职业能力为导向的素质教育，切实提高教育教学专业化水平，培养出更多县域发展所需的应用型建设人才。

二、完善创业人才吸引机制

人才是创新的第一资源，县域的创新发展离不开人才的支撑。面对复杂的经济环境，各县域必须牢牢把握科技进步大方向，顺应产业革命大趋势，实施更加积极的创新创业激励和人才吸引机制，吸引更多站在行业科技前沿的创新创业领军人才在本地聚集，促进各类人才全面发展，加快形成具有区域竞争力的人才制度优势。要在全县树立人才意识，不断拓宽高端人才引进渠道，坚持引进人才与本土人才开发并重，招商引资与招才引智同步，刚性引进与柔性引进相结合，鼓励企业采取科技咨询、短期聘用、技术合作、人才租赁等方式灵活引进高层次人才智力，搭建引才服务平台，开辟人才引进绿色通道。人才要引得进，更要留得住，各县应以创新优惠政策、优化创业环境、完善人才管理为入手点，着力破除一切不利于人才发展的障碍因素，不断改善人才的工作和生活条件，在全县范围内形成尊重知识、尊重人才、尊重企业家精神的浓郁氛围，激发各类人才的创新创业活力，充分发挥市场的决定性作用，加速人才自由流动，为优秀企业家人才的谋事创业保驾护航，真正实现人尽其才、才尽其用、用有所成、成有所效。

三、加强创新创业载体建设

平台载体是创新创业扎根生长的基础，是促进创新创业最直接的方式。各县应积极引导和支持领头企业、孵化机构、高校院所、民间资本等多元主体，利用闲置厂房、楼宇资源和存量土地等建设创客空间、创新工场、孵化大楼、孵化园区、大学生创业基地等新型孵化平台和众创空间。顺应“互联网＋”大势，结合县域实情，依托高等院校、科研院所、科技园区等，进一步完善“互联网＋”创业网络体系，推动创业的低成本化、便利化和开放化，降低创业门槛。通过调整产业布局，引进先进运营管理模式，加快孵化器、众创空间等创新载体建设，为创业主体提供更高级的创业创新空间和服务支持，全面推进大众创业、万众创新。务实推进特色产业园区建设，引导关联度大、带动性强的核心产业向特定优势区域集聚，整合优势资源，施行政策倾斜，发挥龙头企业的带动辐射作用，以产业链为纽带分工协作，推动同类产业和上下游企业加速聚集，引导中小企业朝专业化、规模化、高端化方向发展，以形成龙头牵引、产业链延伸、集群协作的良好发展格局。

四、创新县域投融资模式

创新投融资机制模式能有效破解县域发展资金难题，是保障县域经济健康发展的关键。各县要从大局出发，运用科学发展观统领全局，加快构建以政府主导，市场运作为导向，全县上下共同参与的多元化投融资模式。加强融资平台建设，积极引进小额贷款公司、商业性银行、担保公司等投融资机构，通过持续的资源注入机制，不断壮大各融资主体的规模，提高其质量和运营能力。抓牢银行贷款这一传统融资模式，推进银行和企业实现对接，通过定期召开银企洽谈会等措施加强银企之间联系，促进银行放大贷款额度，实现银企互利共赢。不断丰富投融资渠道，积极探索融资租赁、股权融资、承兑汇票等融资方式，缓解资金结构性矛盾；大力开展 BOT、TOT、PPP、ROT 等多种投融资新模式，确保全县建设项目顺利进行；有效运用信托计划、创业引导基金、产业投资基金等新型融资工具，募集社会资本，推动全员参与。建立完善的配套体系，及时出台相应的政策或文件，理清融资各方参与者之间的关系，建运用科学合理、高效运作的资金管理体制，确保资产流转的安全，防范和控制金融风险。

第五节　着力提升县域经济开放水平

2017 年 3 月 30 日，安徽省在“打造内陆开放新高地推进大会”上指出应加快打造内陆开放新高地，推动安徽外向型经济发展水平进一步提高。县域在安徽经济发展中具有重要地位，全面振兴县域开放型经济，是打造安徽省内陆开放新高地的重要抓手。加快县域开放发展步伐，要在全面深化改革、扩大开放水平上做足文章，牢固树立世界眼光，把县域发展与对外开放统一起来，促使县域在新的起点上构建全方位、多层次、宽领域的对外开放新格局。各县域应高度重视开放型经济发展的重大意义，坚持以开放促发展，加快形成以政府为桥梁、各行各业主动出击、部门协调服务、全县上下共同参与的开放局面，推动自身经济不断发展壮大。从思想上重视开放，不断增强竞争意识、开放观念，用全球化的视野来思考和谋划经济发展；从行动上力促开放，加强对出口龙头企业扶持，着力推进对外开放载体建设，促进外贸主体发展壮大，不断扩大对外开放度，积极创新招商方式，完善对外开放体制机制，深入对接“一带一路”建设，加快融入国际国内经济大循环，在更大格局下谋划对内对外开放发展。

一、创新招商方式

提升县域对外开放发展水平，必须将招商作为总抓手，跳出机械式的“以情招商”“组队招商”模式，不断创新、探索、实践招商引资新模式、新方式，狠抓实干，提高招商引资成效。坚持全民招商与专业招商相结合，在全县范围内宣扬招商引资重要性，强化民众招商意识，在专业招商中实施招商引资奖励制度，以招商实绩定报酬，激发招商人员的积极性。坚持上门招商与委托招商相结合，鼓励招商队伍远赴海外与大企业大财团进行直接沟通，进行上门招商，并通过委托中介机构和聘请招商顾问等形式扩大招商力度。坚持常规招商与特惠招商相结合，在引进一些符合进县条件项目的同时，着重引进一批带动力强、辐射面广、市场潜力强的产业项目，特事特议、特事特惠、特事特办，增强投资商的投资欲望。坚持日常招商与节日招商相结合，强抓节日期间外人员返乡团聚、客商间相互往来的大好时机，采取多种形式问候返乡成功人士、对接联络重点客商，收集投资信息，推进合作项目。坚持招商引资与招才引智相结合，从单纯的招商向“人、财、项目”打包引进的模式进行转变，形成“团队＋技术＋资本”的招商新模式，实现引资与引智的“双赢”。

二、打造开放载体

提高县域对外开放水平，必须将优势平台作为主阵地，坚持高起点规划、高质量建设、高水平管理，全方位扩大对外开放载体建设，推动县域对外经济交流合作。加快完善制度建设和信息发布平台建设，及时高效地为外商提供投资信息，破除信息不对称难题。重点强调产业园区建设，通过BT、第三方融资等模式解决园区建设资金难问题，通过区位地块调整等方式解决园区建设用地问题，推动园区建设走向市场化运作轨道。务实推进产业园区优化升级，不断完善园区基础设施建设，提高园区承载力，结合区位优势和资源禀赋，合理规划布局，按照“错位发展、特色发展”的思路，详细划分每个园区主导产业和发展方向，实现各园区产业化、协作化、效益化发展。积极构建县域电商公共服务平台，通过与知名电商企业开展合作，发展完善电子商务物流配送体系建设，整合县域物流快递资源，提高配送效率，并积极向外推介，探索建立更大范围的营销网络，推动县域开放型经济可持续发展。

三、整治发展环境

提高县域对外开放发展水平，必须将优化对外开放环境作为着力点，积极创造出更加宜商的经营环境，培育出对外开放环境优势，吸引更多外商来本地投资建厂。大力推进硬件环境建设，尤其是交通运输建设，推动各种运输方式进行有效衔接，加快综合运输体系的建成，为货物和人员的快速流动创造条件，降低物流运输成本，促进对外贸易快速发展。创造务实高效、服务为本的政务环境，简化审批环节、提高办事效、增强服务意识，推动项目资金引进及企业对外直接投资加快落地，实现招商引资和企业经营国际化的零障碍。加大规范市场运作的力度，完善市场监管制度，严厉打击不正当竞争行为，努力消除地方或部门保护主义所造成的市场分割，建立开放的市场体系，使所有市场主体能够公平地参与市场竞争。设立专门的投诉渠道，坚决杜绝乱摊派、乱罚款及其他加重外商投资企业负担的歧视性行为，以维护外商投资企业的正当权益。坚决执行知识保护法律制度，设立知识产品投诉热线和网络投诉平台，扩大知识产权保护执法人员队伍，严厉打击侵犯他人商标、专利等知识产权的行为，有效保护知识产权人的合法权益。

四、完善工作机制

提高县域对外开放发展水平，必须将完善机制作为催化剂，紧紧围绕外资外贸目标任务，统筹工作的组织、指导、督促、检查、考核及评比，确保全县外资外贸目标的顺利完成。建立统筹协调领导机制，成立外资外贸工作领导小组，定期召开会议，商讨外经外贸工作的重大问题，加快制订相关措施办法，负责进度调度与工作落实。强化领导责任，将外经贸工作纳入政府目标考核体系，形成一级抓一级、一级带一级的传递机制，将压力和担子分解落实到每个人身上。实施严格的包保责任制，安排专门人员对重点出口企业进行一对一负责，要求负责人定期去企业视察，与企业的负责人会面，深入了解企业订单及融资需求等情况，及时发现并解决企业所面临的各类难题。加强工作督查力度，针对全县企业外贸进出口状况，逐一进行分析讨论，研究对策，实行十天一调度，一月一通报的工作制度，通过密集的调度与通报，层层传导压力，形成全县上下齐抓共管的合力，有力推动县域开放型经济健康快速发展。

参考文献

[1] 中国统计局．中国统计年鉴 2017 [M]．北京：中国统计出版社，2017.
[2] 安徽省统计局．安徽省统计年鉴 2017 [M]．北京：中国统计出版社，2017.
[3] 安徽省统计局，国家统计局安徽调查总队．安徽省 2016 年国民经济和社会发展统计公报 [EB/OL]．http：//ah.people.com.cn/GB/n2/2017/0224/c358428－29760775.html，2017－02－24.
[4] 江西省统计局．江西省统计年鉴 2017 [M]．北京：中国统计出版社，2017.
[5] 河南省统计局．河南省统计年鉴 2017 [M]．北京：中国统计出版社，2017.
[6] 湖南省统计局．湖南省统计年鉴 2017 [M]．北京：中国统计出版社，2017.
[7] 湖北省统计局．湖北省统计年鉴 2017 [M]．北京：中国统计出版社，2017.
[8] 山西省统计局．山西省统计年鉴 2017 [M]．北京：中国统计出版社，2017.
[9] 朱智文，包东红，王建兵．甘肃蓝皮书：甘肃县域和农村发展报告（2017）[M]．北京：社会科学文献出版社，2017.
[10] 吕风勇，邹琳华．中国县域经济发展报告（2017）[M]．广州：广东经济出版社有限公司，2018.